U0599038

父母若无远虑，孩子就有近忧

霍庆苓◎著

中国致公出版社
——China Zhigong Press——

图书在版编目（CIP）数据

父母若无远虑，孩子就有近忧 / 霍庆苓著 . — 北京：
中国致公出版社，2018
ISBN 978-7-5145-1057-7

Ⅰ.①父… Ⅱ.①霍… Ⅲ.①儿童教育—家庭教育
Ⅳ.① G782

中国版本图书馆 CIP 数据核字（2017）第 216849 号

父母若无远虑，孩子就有近忧
霍庆苓 著

责任编辑：蒋晓舟
责任印制：岳 珍

出版发行：中国致公出版社 China Zhigong Press

地 址：北京市海淀区翠微路 2 号院科贸楼
邮 编：100036
电 话：010-85869872（发行部）
经 销：全国新华书店
印 刷：北京永顺兴望印刷厂
开 本：787mm×1092mm 1/16
印 张：14
字 数：180 千字
版 次：2018 年 3 月第 1 版 2018 年 3 月第 1 次印刷
定 价：39.80 元

几年前，我和几位妈妈带着孩子去郊游，当我们好不容易爬上山顶时，同行的一个 6 岁的孩子因为冷开始哭闹。而孩子的妈妈因为没有考虑到山顶会这么冷，并没有给孩子准备一件厚点的衣服。刚开始时，孩子的妈妈还试图去安慰孩子再坚持一下，但孩子还是大哭不止。终于，这位妈妈失去了耐心，开始大声指责孩子："能有多冷？男子汉怎么这么娇气，现在没有衣服，哭有什么用？"

看到这里，我忍不住了，走过去，一边拿出给儿子多带的衣服给那个孩子穿上，一边对孩子的妈妈说道："明明是你没有考虑天气，让孩子陷入挨冻的境地，现在却来责备孩子。"

是啊，作为父母，如果我们没有远虑，孩子就会有近忧。比如，当孩子还处于婴幼儿时，如果我们认为只要满足孩子基本的吃喝玩乐就足够了，而不去培养孩子的规则意识。其结果就会导致孩子进入幼儿园后陷入混乱的忧虑——孩子无视规则，难以融入集体生活中。

这时你有没有想过，如果当初我们早点培养孩子的作息规律，培养孩子的社交能力，那么孩子是不是就不会陷入这样的忧虑之中呢？

当孩子上小学后，如果我们不注重培养他的性格和习惯、磨炼他的内心，那么他很可能会不敢上台演唱，遇到生人时会扭扭捏捏不爱说话，更有甚者会在公共场合哭闹打滚……

遇到这种情况后你是否会后悔，如果当初多花点心思好好教育孩子，让他们拥有良好的性格和行为习惯，那么，孩子是不是会优秀一些？

……

这样的情况数不胜数。身为父母，孩子人生的很多阶段都是需要我们为他指引的，这个指引就是我们对孩子的未来做出的考虑。在我看来，世界上最复杂、最艰巨、最伟大的工作就是教养儿女了。为此，我记得高尔基曾经说过这样一句话："如果你成功了，但没有把你的孩子培养成功，那你只成功了一半。"

我们在能指引孩子的时候做出指引，是我们做父母的义务。我们能做的，就是把孩子送到我们能力范围内最远的地方。剩下的他要选择哪条路，能走多远，那就是他自己的事情了。

在我教养儿子时，没有一本能够教会或指引我如何去为孩子的未来考虑的书。于是，我独自在教养孩子的路上探索。如今，我的儿子已经读高中了，他是一个勇敢、自信、努力、有教养的小伙子。看着他一点一点的小成绩，作为妈妈，我倍感欣慰。然而只有我自己知道，在教养孩子的这条路上，我体验过多少幸福，就经历过多少无奈和惊慌；我尝过多少快乐，就遭遇过多少辛苦和困惑。

为了让所有的父母不再像我一样辛苦地寻找"为孩子远虑"的方法，我决定撰写此书。我在撰写此书时，力求达到3个特点：一是实操性。这本书里的每一个方法都是我教养儿子时亲自验证过的，或者是我身边的亲戚、朋友、同学使用过的。所以，当大家在教养孩子遇到困难时，我相信这本书可以提供实实在在的帮助。二是借鉴性。世界上没有两片完全一样的树叶，更没有完全两个相同的孩子。虽然这些方法都是经过我一一验证的，但我不能保证对每一个孩子都能行之有效。你可以借鉴我的方法，并将它改变成适合自己孩子的教养方式。三是系统性。本书从10个方面详细阐释了我们应该为孩子"远虑"的具体事项，我相信这些简单而又实用的教养方法会使你和你的孩子从中受益。

其实，好书不用太多，一本就够了。这就好比有时候，太阳不能把你照亮，而一支蜡烛却可以点亮你的心田。希望我的这本书能带给你刚刚好的温暖、光和陪伴。

Chapter 9 成长路上，努力固不可少， 但方向至关重要

Chapter 10 每个孩子都是种子， 只不过花期不同

最好的爱是克制，理智施爱，爱而不娇

你为什么要生我——养育的初衷

在儿子 8 岁左右时，有一天他突然问我："妈妈，你为什么要生我呢？"儿子的问题让我陷入了沉思：他还这么小，为什么会问这样的问题呢？难道是我哪里做得不好，让他觉得不开心了吗？我问他："你不喜欢我做你的妈妈呀？"

儿子摇摇头说："当然不是了，我很喜欢你当我的妈妈，但是你每天要照顾我，还得挣钱给我买东西，明知这么辛苦还要生我，为什么呢？"

听了儿子的话，我非常感动，摸摸他的头说："因为妈妈爱你啊！"

儿子听完"嚯"地站了起来，说："妈妈，我也爱你！等我长大了，我要挣超级多的钱，给你买好吃的，还天天陪你玩。"说实话，作为一个妈妈，听到儿子说这样的话，我心里是十分欢喜的。

但高兴的同时，我不禁开始思考一个问题——我们到底为什么要生孩子呢？

后来我就这个问题跟很多父母交流过。总结起来，不外乎这几种原因：一是亲戚朋友一直催，为了传宗接代；二是为了稳固婚姻；三是身边的朋友都有孩子了，生活其乐融融，自己很羡慕，为此生孩子；四是自己本身就十分喜欢孩子。

之前有位妈妈跟我说："我生了孩子后，又要上班，又要照顾孩子，真是力不从心，好累啊！而我老公只知道忙事业，根本不管孩子。我为他生孩子，帮他顾家，他要是敢对不起我，我绝不饶他！"

对于这位妈妈的观点，我不敢苟同。孩子是独立的个体，是夫妻二人爱情的结晶，不应该作为利用的工具——女人不能把孩子当成拴住男人的绳子。她有一点说得没错，带孩子确实非常辛苦，但是同样，孩子为我们带来的快乐也是其他事情无法替代的。现实生活中，有一类心理失衡的家长，他们因为婚姻生活不幸福，为了挽救婚姻，把孩子当成最后的"救命稻草"。面对这样的父母，生活在不和谐的家庭氛围中，孩子根本感受不到爱，对自己的未来也没有任何美好的希望。更糟糕的是，孩子受父母的影响，长大后变成一个冷漠、自私的人。

对此，我想说的是，如果生孩子不是出于爱，而是为了满足自己的需要，那对孩子来说就太可悲了。

有一次，我和丈夫聊天，他说："如果生孩子是为了我们老了能有个依靠，那这和投资又有什么区别呢？这样的话就玷污了父母这两个字的真正意义。"我非常赞同丈夫的这句话。

我们经常听到有些父母对孩子说："你要好好读书，考个好名次，这样爸爸妈妈在亲戚朋友面前才有面子。"不得不说，这种对孩子的教育掺杂着父母的私欲，在这些私欲的驱使下，父母对孩子的爱已经变了质。

前段时间，我在路上碰到一个亲戚，闲谈间她向我抱怨生活中的一些琐事。我一直以为她家庭幸福、生活美满，没什么要操心的，可她说儿子的婚事让她很发愁。起因是，两年前，她儿子找了一个女朋友，但是她对女孩不大满意，就劝儿子与其分手。前些天，她儿子又谈了一个女朋友，可她还是不满意，甚至觉得还抵不上前一个。她无奈地问我："我怎么才能找到一个满意的儿媳妇呢？"

听到这里，我反问她，"满意"是按她的要求还是按她儿子的要求。她说："要是我和儿子都满意，就最好不过了。"

"但你们两人的喜好根本不可能完全相同，那你接下来打算怎么办呢？"听了我的话，她叹了口气，没有多说什么。

这个亲戚其实也知道自己在这件事情上存在问题，只不过她还放不下自己对孩子的控制欲——这也是中国父母普遍存在的现象。父母既埋怨孩子不够独立，又害怕孩子太过独立，对自己说的话充耳不闻。这种情况主要体现在妈妈身上。

妈妈一旦视孩子为情感支柱，孩子的成长就会被扭曲。

父母花费时间和精力来培养孩子并不能成为孩子必须按照父母既定的目标而成长的理由。依稀记得，我参加朋友孩子的满月宴。席间，孩子的妈妈一边逗着怀里的孩子，一边转身对丈夫说："你看她多可爱，我不会再管你了，因为我有人陪了。"

听完孩子妈妈的话，我不禁为这个还在襁褓中的孩子的未来感到深深的担忧。孕育下一代是生物繁衍的本能，作为高级动物的人类，我们孕育下一代除去本能，还应有爱。要想成为合格的父母，我们必须站在孩子的角度，设身处地地为他们着想，在给予他们爱的同时进行正确的引导，让他们的人生更加幸福和圆满。

温室里是长不出参天大树的

去年，我的一个朋友带着她 12 岁的女儿来我家做客。小姑娘一进门我吓了一跳，因为她背着一个爱马仕的包，这款包在当时至少要卖 8 万元人民币。

我惊讶地问朋友："你女儿背着的是一个爱马仕的包……"没等我说完，朋友自豪地说："嗯，这是我买给她的，怎么样？不错吧？"我严肃地说："不好意思，我要先跟你说明，来我家做客，你有两个选择：选择一，请你带女儿跟爱马仕包回去，我不欢迎这样的孩子；选择二，请孩子把爱马仕包交给你保管。"

后来小姑娘不情愿地把包交给了我的朋友。

或许大家会认为我的做法有些不近人情，这样对待上门做客的朋友有些没有礼貌。我为什么这样做呢？我之所以这么做，是因为这个朋友跟我从小一起长大，我们就像亲姐妹一样，她的孩子我也当成自己的女儿。而我这样做完全是不想让这个小姑娘年纪这么小就成了温室里的一朵花。

请大家想想，一个 12 岁的小姑娘背着爱马仕的包，万一在路上遇到抢包的怎么办？更重要的是，一个 12 岁的小姑娘什么都不用做，什么努力都没付出就可以轻而易举地得到这么昂贵的包，那她以后还会努力吗？温室中成长起来的孩子，不吃苦，不付出，长大以后就没有生存能力，这是毫无疑问的事情。

现实生活中，我总能看见一些令我痛心的现象：很多父母怕孩子受苦，自己省吃俭用，却给孩子吃最好的、穿最好的、玩最好的，尽自己所能满足孩子的各种要求。面对这样的父母，我想说的是，温室里是长不出参天大树的。

　　我送儿子去上学时，经常会看到儿子的一个同学。于是，我问儿子他的这位同学的情况。儿子告诉我，这位同学家庭条件不错，他的学习成绩在班里一直处于中下游。更重要的是，他完全不能独立，就连最起码的坐公交车都不会……

　　有一天，我从学校门口接儿子放学，刚要走，一位衣着考究的男士带着儿子的那个同学走到我们旁边，对我说："这是我的儿子，和您的儿子在同一个班，我听他说您的儿子非常优秀，所以我想请您的儿子帮助他补习一下数学，不知道可不可以？"

　　我望着儿子，儿子轻轻地点了点头。见我们应允，他一把将孩子推到我们面前说："我有事要回公司一趟，让司机留下来陪他吧。"

　　我跟他说："帮您的孩子补习数学，为什么要把司机留下来呢？"

　　他说："万一孩子饿了要吃东西怎么办啊？把司机留下方便一点儿。"

　　我坚决不同意，跟他说："如果您真的希望我们帮孩子补习数学，就请把司机和宝马车都带走。"这位家长听从了我的建议，和司机一起开车走了。

　　后来，儿子和这位同学成了好朋友。他俩放学后经常一起坐公交车来我家一起做作业，"宝马孩"也渐渐适应了"平民生活"。最重要的是，在和我们相处的过程中，这个孩子开始真正体验生活并因此发生了不小的变化，不仅学习成绩有所提高，而且懂得了勤俭节约，甚至在遇到问题时养成了自己积极想办法解决的习惯。

　　我们评价一个孩子是否优秀，不是看他家里有没有钱，而是要看他生活上能否独立，自己的事情能不能自己做。如果我们从小就把孩子当皇帝一样宠，等这个"小皇帝"长大了，麻烦就会接踵而至。毕竟他的上级不会宠他，同事也不会宠他，社会更不会宠他。所以说，我们给孩子提供"温室"的环境，他们很难练就一身的本领，将来步入社会就会处处碰壁。

　　温室里长不出参天大树。如果我们真的爱孩子，就要从小锻炼他们，培养他们的独立性和应对生活的能力。只有这样，他们才能在日后激烈的竞争中脱颖而出，成就一番事业。

别让"为了你好"，伤害孩子一辈子

在儿子9岁的时候，为了培养他的自理能力，让他更具独立意识，我和丈夫商量一番后，给他报了一个学校组织的暑假夏令营，为期一周。也就是说，他要离开我们一周的时间，和其他的小朋友一起生活。那天我和丈夫送儿子集合，看见了有趣的一幕——

一个妈妈背着孩子，脚步匆忙地往客车这边走来，一边走一边叮嘱背上的孩子："宝贝，你在外面要乖乖听老师的话，和大家好好相处。这个星期你都不在妈妈身边，妈妈肯定连饭都吃不下，一定会特别想念你的。儿子，你会不会想妈妈呢？"孩子趴在妈妈背上，听后闷闷不乐地点点头。

过了一会儿，老师叫所有的孩子准备上车，这位妈妈才恋恋不舍地把孩子从背上放下来，一边擦着眼泪，一边拉着孩子的手继续叮嘱，那场面简直就像是电视连续剧里的生离死别。车要启动了，她才松开手让孩子上车，然后立马又跟老师说："老师，这孩子从小就没离开过我半步，晚上睡觉都是和我睡的。这个星期，请您帮忙多照顾一下他啊！"说完，她又转身对孩子大喊："宝贝，如果想妈妈了，就给妈妈打电话啊。"

这时，另一个妈妈牵着一个小男孩的手，愉快地朝我们走来。她微笑着对孩子说："儿子，这次出去一定会遇到很多好玩又有趣的事，妈妈等你回来分享给我哦！去吧，别的小朋友已经上车了，你也快去吧，祝你玩得愉快！"孩子点点头，松开妈妈的手，开心地朝车门方向跑去，还不忘回头朝妈妈扮了个鬼脸。妈妈假装生气地瞪眼睛，脸上却一直挂着微笑。而之前的那位妈妈，目光一直紧随着孩子，直到客车离开。

一周的时间很快就过去了。校车返回后，我去接儿子，说来也真是巧，又遇到了那两位妈妈。那天舍不得孩子走的妈妈一看到她的儿子，一把将其拉到怀里，又是亲又是抱，还不停地摸着他的小脸蛋，心疼地说："儿子，快让妈妈看看，有没有受伤啊？有没有人欺负你？哎呀，你终于回来了，妈妈好想你呀！"孩子一句话也没有说，任凭妈妈抱着絮叨。

那个笑着跟孩子说再见的妈妈见到孩子的第一句话就是："怎么样，这个星期玩得开心吗？快给妈妈讲讲这几天都发生了哪些好玩的事情吧！"孩子满脸兴奋地开始讲述，比如某某同学把裤子穿反了；有的同学吃饭的时候不会用筷子，只能用勺子吃；还有一个小朋友夜里睡觉磨牙，等等。孩子一边讲一边比画，妈妈听得很认真，还逮个空隙就向他提问，两个人有说有笑的样子。

他们俩从我身边经过时，我忍不住叫住了这位妈妈，跟她说起这次夏令营。她笑着说道："孩子想参加，我就支持他报名了，让他一个人去，我也是不放心的。可如果让孩子察觉到我的担心，那他可能会放弃，或者出去以后束手束脚。所以我就用另一种方式，让他轻松愉快地去。这样一来孩子就不用顾忌什么了，二来他对夏令营生活也更充满了好奇和期待。至于我所担忧的，我可以自己慢慢调节。"她说得很轻松，可在我心里留下了深刻的印象。

后来夏令营的老师打电话反馈孩子的情况时，我忍不住向老师问了问那两个孩子在夏令营期间的表现。老师告诉我，那个被妈妈背过去的孩子，对父母确实非常依赖，晚上睡觉的时候一直吵着要妈妈，白天也不愿意和其他小朋友一起做游戏。孩子的妈妈也每天打电话问孩子的情况，老师跟她说了好几次不用担心，可她还是不断地打来。

而那个走之前跟妈妈扮鬼脸的孩子，他在夏令营期间表现得非常活跃。他还把遇到的一些有趣的事写在日记本上，说怕自己忘了，回去要念给妈妈听。所有的孩子中，他表现得最为勇敢、乐观。

看到这里，我想大家肯定都对后一位妈妈的做法非常赞赏。至于前一位妈妈，虽然她也非常爱自己的孩子，但她的关注点更多的是自己的感受。现如今，一些孩子在异地求学，每逢开学季，我们总能看到父母在火车站拉着孩子的手，妈妈抹着眼泪，爸爸在火车站反复叮嘱的场景，好像只有这样才能让孩子体会到父母的爱。其实，要我说，父母这样做，是因为他们缺乏安全感，总觉得自己对孩子的照顾不够周到。其实，孩子此时更需要的是他们的鼓励，而不是眼泪和担心。父母也应该明白，到底怎样做才是真的爱孩子。

后来有次去学校接儿子，我又遇到那位舍不得孩子走的妈妈。她似乎在跟孩子讨论上兴趣班的问题。她说："儿子，钢琴不好玩，你看现在大多数都是女孩子去学钢琴，男孩子去学的有几个？而且弹钢琴手会很疼的哦！妈妈舍不得你受罪。你现在只要把几门主科学好了就行，这样以后的考试、升学，妈妈就不用担心了！"听得出来孩子很想学钢琴，可是被妈妈罗列出的几个理由阻止、拒绝了，所以他只能选择沉默。

这让我不禁想到了自己的童年。在我的记忆里，父母对我说得最多的一句话就是"我都是为了你好"。可我当时总是会不情愿，觉得父母的爱束缚了自己，让自己失去了自由，以至于爱得很辛苦，我过得也很不快乐。直到后来，我自己也做了妈妈，我从来没有对儿子说过这一句类似话，我不想让儿子像过去的我那样不快乐。

其实，我们这种"爱"所带来的坏处比我们直接打骂孩子产生的伤害更加恶劣。两者之间最大的不同之处在于：打骂孩子的行为已经被越来越多的人唾弃，因为他们意识到这种行为是错误的；而打着类似"为了你好"这种旗号的父母，不但不认为自己错了，甚至还会认为自己对孩子的爱很无私。

很多时候，我们都有这样错误的理解：如果放任孩子不管，他会觉得父母不关心他，所以爱孩子就得面面俱到地照顾他。然而我们并不知道，这种表达爱的方式才是对孩子最大的伤害，甚至对此还赋予一个冠冕堂皇的说法——这么做都是为了你好，你不可以说不！而事实上，这种做法到底对谁有益呢？比如，孩子想出去玩，不管孩子如何向父母保证自己会小心，会按时回来，可父母还是坚决不同意。理由是出去玩没有大人在身边，遇到危险怎么办？受伤怎么办？我们都是为了你好！于是，孩子就只能待在房间里透过小小的窗户看看外面的蓝天。

有的女孩子对跳舞根本不感兴趣，却硬是被父母逼着每天上舞蹈培训班。孩子每次抱怨，父母都会说："女孩子学跳舞有利于塑形，以后会越长越漂亮。花这么多钱让你学，都是为了你好！"于是，孩子只好继续去上舞蹈培训班。

孩子喜欢听音乐，父母一旦发现就会说："你的任务是学习，听歌对你一点好处都没有，真是浪费时间，我说的都是为了你好！"

在"为了你好"的尚方宝剑下，孩子所有的想法都不能得以实现，甚至连反抗的机会都没有。只要抗议，他们就会成为父母口中那个"不听话""不懂事"的孩子。于是，我们理所当然地干涉着孩子的一切事情——小到穿衣吃饭，大到人生规划。其实，当我们讲出那句"我是为了你好"的时候，孩子自己的思想就已经被扼杀在摇篮里了。

扪心自问，我们所做的这些到底是为了自己还是为了孩子？不得不说，我们只是按照自己的想法在替孩子做决定，为了让自己的所作所为合理化，就说是为了孩子好。现如今，看到那么多的孩子还在吃力地承受着父母的"关爱"，我就很心疼他们。到底要等到什么时候我们才能更多地重视孩子的感受？才能真正找到正确的爱的方式？

停止溺爱，培养孩子的独立性

在我所居住的小区里，有一个已经 25 岁的"大"男孩，大学毕业已经 3 年了，可吃穿用度还得靠父母。从与他父母的聊天中得知，这个男孩的学习成绩很优异，且毕业于一所不错的高校，但因为自小习惯了依赖父母，所以他至今仍不能独立。大学毕业后不管找工作还是找对象，都是父母帮他张罗。他除了在家等消息就是上网、吃饭、睡觉。而且他对就业、成家似乎没有丝毫压力，因为他知道父母会——替他解决。

要知道，没有哪个用人单位愿意录用这样一个已经成年的"低能儿"，也没有哪个女孩愿意嫁给浑浑噩噩、度日如年、不思进取的妈宝男。

有一天，在小区的广场上，男孩的父母和我聊天，向我诉说了这一切。通过我这个局外人的分析，男孩的父母意识到正是自己对儿子毫无原则的"爱"才造成儿子如此严重的依赖心理。后来，我又建议他们，让理智的爱逐渐代替溺爱，让孩子慢慢变得独立起来。比如他们不再帮儿子找工作，而是试着让儿子自己去找工作。可以和儿子就找工作的时间进行协定，如果在期限内还没有找到工作，父母便不再给他钱，让他自行解决自己的衣食住行。

听完我的建议，男孩父母虽然表示认可，但还是一直不停地问我："万一他找不到工作，我们真的不管他了吗？""他没钱吃饭怎么办？"……

真是可怜天下父母心。

如今，虽然国家全面放开二孩政策，但目前大部分家庭还都是独生子女家庭。

作为家里的"独苗"，父母尽量给孩子提供优越的生活条件，再加上父母平时对孩子事无巨细的照顾，让他们养成了衣来伸手、饭来张口的坏习惯。于是，我们经常看到这样的孩子：等父母把饭菜准备齐了再吃，把脏衣服丢给妈妈洗，要父母帮助收拾学习用品、整理房间，遇到一点难题就求助于父母……很多父母都成了孩子的"保姆""靠山"和"保护神"。

依赖性强的孩子像是依附于父母的一根藤，离开父母他们就会变得寸步难行。而且他们往往缺乏主见，在生活上既不能完全独立，在工作中也难担大任。我相信所有父母都不希望自己的孩子如此，但遗憾的是，很多父母采取的不科学的教育方式正让自己的孩子形成依赖的心理。

很多父母在教养孩子时，认为为孩子做得越多就是越爱孩子，所以常常包办孩子的一切，衣食住行样样照顾得妥妥当当。对此，我想说，这其实是一种无知的表现，这样做并不是"爱"孩子，而是在"害"孩子。

当父母为孩子包办的事情越多，就越会让他们养成依赖心理，得不到应有的锻炼，缺乏应对困难、挫折以及解决问题的能力。长此以往，他们就会什么事情都不会做，什么事情也都做不好。我相信天底下没有哪个父母愿意自己的孩子一无是处。既然如此，那么我们就要培养孩子的独立性。孩子的成长过程中，摔跟头是不可避免的，如果不从小历练孩子的独立性，等他长大后就会摔更大的跟头。对于依赖性强的孩子，我们更要鼓励他，让他在摸爬滚打中学会如何独立应对生活。

高一放暑假时，儿子认为自己从小物质条件比较优越，生活上很依赖我。为了在进入大学或社会之前独立起来，成长为一个真正的男子汉，他跟我提出了他想出去打工赚钱，锻炼一下自己。我和丈夫对从未出过远门，也没有任何打工经验的儿子虽然不放心，但觉得他说得在理，就同意了。我告诉儿子，赚钱不是主要的，重要的是在找工作、做工作的过程中不断总结经验和教训。

儿子怀揣着我们给他的500元钱去市里找工作。那段时间，我相信他肯定会遇到一些困难，我们又不在他身边，他必须得学着自己想办法解决。果不其然，开始的半个月时间里，他连着换了 3 份工作，不是环境不好就是遇到的人太苛刻。后来儿子给我打电话说他想要放弃，我和丈夫语重心长地疏导他、宽慰他。最终儿子在我们的鼓励下，选择继续坚持下去。

最后，儿子找到一份在咖啡店做服务生的兼职工作，每天从上午 10 点工作到晚上 10 点，中间虽然有时间可以休息一下，但却不能跑远，要随时准备工作。作为妈妈，起初我肯定是不放心的，偷偷去咖啡厅的窗口看过他两次，但每次看到的都是儿子虽然辛苦但依然充满笑容的脸。于是，我放心了，后来就再也没去过。

一个月后，想到马上要去上学，儿子便辞职回家了。儿子回来那天，我和丈夫问他这次外出打工有什么感悟，他自豪地说："打工虽然很辛苦，但他凭借自己的努力克服了很多困难，增长了不少经验和见识，还赚到了人生中的第一份工资。儿子的脸上洋溢着满满的成就感。

作为父母，只有懂得适当放手，孩子才会养成自己动手去做、动脑去想的独立意识。这个过程中虽然会遇到困难和挫折，但只要我们不断鼓励和引导他们寻求克服困难、解决问题的办法，日积月累，他们终将迅速成长起来。

孩子并没有想象得那么脆弱

我的一位朋友，有一个 13 岁的女儿，小姑娘因为不爱说话，性格也有些内向，所以同班同学不怎么喜欢跟她一起玩，她也没什么朋友。

我的朋友决定要改变一下这个现状。他知道女儿喜欢画画，就给女儿报了个学画画的课外班，每到周末就带女儿去上课。他希望女儿能跟一起学画画的孩子多交流，认识一些新朋友，但是又害怕新的环境会让女儿变得更内向，或者受到什么新的委屈……

结果朋友担心的事情还是发生了。有一次，几个课外班的同学嘲笑他女儿画画难看，回家后她一直抹眼泪，也不说话。从此，朋友的女儿再也不愿意去上课外班学画画了，甚至偷偷逃课。

有一天，朋友向我诉说他的烦恼，他担心以后女儿会不喜欢画画了，并且变得更加内向和自闭。我告诉他："你的担心太多了。墨菲定律你听说过吗？就是你越担心某件事情，它就越会发生。担心孩子是正常的，但是过分担心就表明你对她不信任。这对她自信心的培养是一种阻碍。慢慢地，她会变得越来越自卑，做事情时思前想后、犹豫不决。你担心的事情不就发生了吗？"

我帮朋友分析完之后，又对他说："其实每个孩子都有属于自己的性格，他们也没有我们想象得那么脆弱。不过，我们还是要适当鼓励孩子，疏导他们的不良情绪。"

朋友听了我的建议，没有再要求女儿必须去画画班上课、交新朋友，而是对她说："你喜欢画画，就在家里画吧，爸爸当你的第一个欣赏者。"从此，朋友成了他女儿每一幅新作品的第一个观众。他不再担心女儿没有朋友、会被欺负等。他唯一做的就是当女儿画得好的时候，为女儿感到骄傲、自豪；当女儿画得有所欠缺的时候，给她指导和建议。渐渐地，他发现女儿越来越喜欢跟他交流了，性格也变得开朗了一些。后来，她还主动要求让爸爸又给她重新报了一个画画班。

是的，孩子并没有我们想象得那么脆弱，他们有独自面对困难的勇气。很多时候都是我们自己在瞎操心，也就是所谓的"关心则乱"。我们担心的事情有些不会发生，有些就算发生了，孩子也有能力自己解决好。有时候，反倒是我们的"担心"让孩子变得拘谨、畏缩，对各种事物失去兴趣。

话虽如此，但如今"对孩子的担心"已经成为家庭教育里的一种"魔咒"。在我们的眼里，孩子永远是长不大的、脆弱的、极易受到伤害的。在成长的过程中，孩子肯定会遇到各种难题，但我们要坚信他们能解决，并在必要时给予恰当的帮助。朋友担心女儿，不再让她去画画班，其实这么做就过于小心了。好在通过他恰当的鼓励、耐心的辅导，女儿很快走出了心灵的阴影，重新勇敢地去面对生活。所以，我们不要对孩子过于担心，把担心转化为关心。经常和孩子交流谈心，这才是理智的爱。这样做不仅能加深我们和孩子之间的感情，也能让我们随时了解孩子的心理状态，一举两得，何乐而不为呢？

Chapter

2

今天你舍不得教育孩子，明天便有人替你狠狠教育

年龄小，不是胡闹的理由

我曾经看过这样一则新闻：因为外墙施工人员的电钻声音太大，正在 8 楼家中看电视的小男孩一气之下剪断了绑在施工人员身上的安全绳，导致施工人员被吊在半空无法动弹，后经消防员的紧急救援，施工人员才被安全救下。

面对警察的调查，那孩子说："当时我在看动画片，外面电钻的声音实在是太吵了，我就用剪刀把绳子剪断了。"更让人气愤的是，孩子爸爸最后只赔偿了一条安全绳。

看完这则新闻，我为这个孩子的未来感到担忧。每个"熊孩子"背后必然有个"熊家长"。孩子的"熊"行为，都是家长的放任导致的。

类似的事情层出不穷。有位母亲在微博上发帖，声称在餐厅吃饭时，因为儿子稍微调皮了一点，就被邻桌的人扇了一记耳光，她非常气愤。这篇博文一经推出，引发了公众的热烈讨论。

后来警察介入才还原了事情的原委——原来，这位母亲带儿子去餐厅吃饭，期间她的儿子到处跑跑看看，几次打扰到邻桌客人用餐。后来，孩子竟然伸手去抓邻桌上的菜，被其中一个人挡了一下，他立刻还手向对方的手臂抓去。这个人忍无可忍就打了这个孩子一记耳光。

这个母亲的愤怒点在于孩子还小，犯点错误很正常，对方作为一个成年人怎么能和小孩子一般见识呢？我想反问这位母亲：孩子还小是没错，但您也是小孩子吗？在公共场合，您不能约束一下自己的孩子吗？

　　孩子总有长大的一天，今天我们以"年纪小"为借口原谅他，明天他就会做出更荒唐的事情。当他走上社会，再做出一些"熊"行为的时候，没有人会包容他。你的孩子，你今天不好好地教育，明天总会有人代替你狠狠地教育他。

　　我在教育儿子时就非常注重这一点，对待儿子，我有两个原则：一是事先和孩子约法三章，二是事后毫不妥协。

　　有一次，我带儿子外出去郊游，准备了面包、奶酪等食物当作午餐。到了郊外，儿子只顾着尽情玩耍，根本不想吃饭。我告诉他：如果用餐时间不坐下来好好吃饭，那么到下午回家之前，他只能饿肚子。儿子没有理会我的话，又继续开心地玩去了。果然，在快要回家的时候，儿子直喊肚子饿，而我则故意装作听不见。直到晚饭前的时间里一直没有给他任何食物，任由他哭闹。

　　也许我的做法在很多父母看来有些狠心。我想说的是，儿子饿肚子，我心里也不好受。可如果我说话出尔反尔，那以后再教育孩子就会越来越难。

　　这里就讲一下给孩子制订规则的问题。孩子小时候并不知道什么事情该做，什么事情不该做。如果我们不在他逐渐长大的过程中给他制订规则，他就容易养成任性、胡闹的毛病，想做什么就去做什么，丝毫不顾及后果。鉴于此，我们要根据孩子的实际给他制订一系列的规则，让他严格遵守，决不允许做违反规则的事情。

　　在这方面，请各位父母借鉴一下我的做法。记得儿子刚会走路时，有一天玩要时不小心跌倒在地上，但他没有哭，在一旁的我也没有去扶他，而是对他喊："1、2、3，站起来。"在我刚刚喊到"3"的时候，儿子就双手撑地，很努力地爬了起来。还没有站定，他又飞快地向前跑去，结果又跌了一个跟头。这一次，儿子想要哭。我急忙上前又缓慢地喊起了口号："1、2……"他听到我的喊声，赶忙止住了哭声，再次努力地爬起来。

　　其实，"1、2、3"是我给儿子制订的一个要求他停止正在做的事情的规则。儿子跌倒了，我喊"1、2、3"，他就要自己爬起来，而不是躺在地上等我来扶他。

该吃饭的时候他还在玩玩具，我喊"1、2、3，吃饭喽"，他就要放下手里的玩具，准备洗手吃饭。总之，只要我喊"1、2、3"，他就会立刻停止正在进行的事。

说到这里，很多父母可能会提出质疑："一个只有几岁的孩子怎么可能明白我们的规则并按照规则去执行呢？"

其实，最初儿子也不理解我的意思，但我每次喊"1、2、3"后会直接告诉他接下来要做什么。如果他不听，我就会表现出不高兴的样子，再喊"1、2、3"，然后上前阻止他做正在做的事。

就这样，儿子逐渐理解了这个规则，并能越来越好地配合我的指令行动。这个过程中，儿子也慢慢清楚了哪些事情可以做，哪些事情是坚决不能做的。

总之，给孩子制订一些规则，他就会形成规则意识，并慢慢学会按照规则行事，不会任性妄为。

培养孩子的规则意识对他们的成长具有十分重要的意义。而且只要制订了规则，就要严格遵守，父母尤其要为孩子做好表率作用。如果父母都不遵守，那么孩子自然以为规则无用，而不会予以重视。

小时候偷针，大了偷金

春节时，一个朋友给我讲了一件令我非常震惊的事情——他12岁的侄子因为偷盗和抢劫罪被关进了少管所。我问他到底怎么回事，朋友给我分析了这件事的前因后果。

朋友的侄子叫亮亮，是家中的独子，家人对他格外疼爱。因为家里经济条件很好，所以在亮亮三四岁时父母就开始给他零用钱，好吃的、好玩的也都有求必应。有时，朋友会劝说他们不能这样惯着孩子，可亮亮妈妈却说，家里就这么一个心肝宝贝，不惯他惯谁？后来，只要朋友批评亮亮，他就会向父母告状。为此，朋友和哥嫂不知吵了多少次架。亮亮仗着父母给他撑腰，变得越来越任性，越来越不服从管教。

朋友的哥哥平时喜欢喝酒。有一次，亮亮看爸爸喝得津津有味，也想尝一尝。朋友的哥哥不但没有阻止，反而将自己的酒杯递给他鼓励他喝。亮亮尝了一口之后，爸爸还伸出大拇指说："好小子，真不愧是我的儿子！"那时候亮亮刚刚5岁。朋友看到这样的情景，很是担心，可劝说也无济于事，亮亮和哥嫂依然我行我素。

就这样，当亮亮上小学时，已经成为一个会喝酒的"老手"了。而且他的兜里从不缺钱，经常和同学一起去逛超市、下饭馆。没钱了，就从父母的钱包里拿。对于他的行为，父母也从不制止。朋友看见了难免唠叨两句，可是哥哥却振振有词地说："我们挣的钱，不给他花给谁花？"

由于平时出手大方，亮亮渐渐引起了学校周围一些不良社会青年的注意，他们经常围聚在亮亮周围，教他抽烟、甚至逃课。从那以后，亮亮的学习成绩一落千丈。起初，因为老师的督促，亮亮的父母还会象征性地批评他几句，后来见管不住他，索性也就不管了。

就这样，受坏"朋友"的熏染，加之父母的放纵，亮亮的胆子越来越大，于是他开始旷课、逃学，最后在"朋友"的怂恿下参与了他们的偷盗、抢劫活动，结果被关进了少管所。

直到此时，朋友的哥嫂才忽然意识到，正是他们对亮亮的娇纵才让亮亮走上了歧途。他们为此悔恨不已。

听完朋友的陈述，我感到无比痛心。在现实生活中，像亮亮父母这样的人，其实并不少见。他们通常对孩子的一些错误、过失不予正视，认为孩子还小，长大了就好了，于是既不指出孩子的错误，又不对孩子进行正面管教。在孩子看来，这无异于父母默许了他的这些行为，于是他会变得更加有恃无恐。虽然目前结果并不像亮亮这般严重，但助长了孩子的缺点、错误和过失，不知道在哪一天就会酿成不可挽回的大错。"小时候偷针，长大偷金"，说的就是这个意思。

孩子一旦取得优秀的成绩，父母张扬得恨不得全世界都知道。反之，如果孩子有什么缺点或者出现了什么过失，父母就绝口不谈，甚至有时候别人好心提出来，他们还反驳，说这样容易伤害孩子的自尊心。要知道，如果一直这样包庇孩子，对他们的成长有害无利。

我曾经听郭德纲讲过这样一个相声段子。老师问学生："圆明园是谁烧的？"学生说不知道，父母立刻上来解围道："烧了就烧了吧，我们赔还不成吗？"虽然这只是个笑话，但是也从侧面说明，不管孩子出现什么问题，有些父母总是积极主动地为孩子承担责任。然而，孩子终究会长大，我们也一天天老去，不可能替他们担责一辈子。

《触龙说赵太后》一文中说："父母之爱子，则为之计深远。"可见，对孩子真正的爱一定是为他们的将来作长远打算，对他们未来的人生负责。所以从现在开始，如果孩子做错了事，身为父母既不能毫无原则地纵容，也不能随意打骂。而是耐心帮助他们分析，让他们明白什么是对、什么是错，吸取教训，引以为戒。

规则就是规则，谁也不能拥有特权

在儿子读幼儿园时，有一个周末，学校安排了一场亲子活动，邀请我和丈夫一起去参加。30多个学生加上近50名家长，场面很是壮观。儿子一反在家的常态，俨然成了个小领导，替我和他爸爸安排"活儿"，我们也乐得配合。

亲子活动进行到一半的时候，老师将所有的孩子分成6组，每组6人，让他们扮演大人的角色。我和丈夫坐在一旁休息，不一会我就发现儿子他们那组似乎出了点状况，只听见其中一个孩子大叫："你们都必须听我的！"

包括儿子在内的其他5个孩子，并没有理会那个愤怒的孩子。我好奇地继续观察着。那个孩子见大家都不理他，赶紧呼唤他的爸爸妈妈。孩子的父母本来就在旁边，一听到孩子的呼唤，赶紧上前询问："怎么了朋朋，谁欺负你了？快告诉爸爸妈妈。"

孩子愤怒地指着其他5个小朋友说："他们全部都欺负我。"

不等孩子父母说什么，5个孩子不约而同地说："我们才没有。"

原来分好组后，老师让他们自己选一个组长，然后再由组长给其他同学分配角色。大家正在兴致勃勃地讨论由谁来做组长更合适。可是这个叫朋朋的孩子却不高兴了，他认为他应该做组长，大家应该听他的，否则就不配合大家玩这个游戏。

朋朋的父母了解清楚情况后，就跟其他5个孩子商量："孩子们，你们都是听话的好孩子，帮叔叔阿姨一个忙好不好？就让朋朋当这次的小组长，活动结束后叔叔阿姨请大家去游乐园玩，好不好？"

其中一个孩子立刻拒绝道："不行！游乐园我们可以叫爸爸妈妈带我们去，但是活动一定要听大家的。"

朋朋的父母见孩子们不肯合作，改变了策略："你们怎么不听大人的话呢？"

孩子们七嘴八舌地说："你干吗不叫朋朋听你的话啊？"

这时候，其他孩子的父母也纷纷过去了，朋朋的父母转而央求大人："拜托你们跟自家的孩子说说，就答应我们朋朋这一回吧。这孩子在家的时候，我们什么都依着他，他已经习惯了。"

其中一位妈妈面带不悦地说："我们孩子在家也是爷爷疼奶奶爱的，我也没办法。"

朋朋的父母继续低声下气地央求其他孩子和大人。大人们也不好意思拒绝得太明显，都以孩子为借口："现在是孩子游戏的时间，我们也不好勉强孩子，就让孩子自己决定吧！"

结果其他几个孩子都表示不愿意跟朋朋玩了。朋朋恼怒地对父母发脾气："我要他们都听我的！我要他们都听我的！"

他的父母在一边哄他："朋朋乖，爸爸妈妈都听你的，回家后爷爷奶奶也都听你的。"

最后，老师过来才让朋朋归了队，但是孩子们明显不太愿意跟朋朋玩，朋朋在小组里看起来很孤单。老师跟朋朋的父母说朋朋平时在学校就不太合群，孩子们都不愿意跟他玩，家长平时要注意家庭教育。虽然朋朋的父母连连点头说一定会注意的，但是我从他们的神态中感觉到，这可能是他们一贯的反应而已，回到家肯定依然如故。

从朋朋父母的态度上不难看出，朋朋在家里肯定是"一家之主"，全家人都得以朋朋的意志为转移。其实，这个问题在现代独生子女的家庭里普遍存在，只是有的轻一些，有的重一些，而朋朋显然属于比较严重的情况。

现实生活中很多父母会有以下几种必须：有好吃的，首先想到的是给孩子吃，绝对不会先考虑自己；有什么好穿的，肯定也先紧着给孩子，自己怎么样都无所谓！孩子有什么需求，尽全力去满足；为了哄孩子高兴，玩游戏的时候故意输给他，生怕他受一点点委屈。总之，孩子在家里就是太阳，谁都得围着他转。他不需要体谅爸爸妈妈，不需要遵守规则，因为他的喜怒就是规则的评判标准。谁要是让他不高兴了，就好像犯了不可饶恕的错一样。

在这种环境下长大的孩子，别说感恩，连一般的规则都不明白。并非他不懂道理，而是家长没有教会他什么是规则。比如在家里，父母帮助了他，他不会向父母道谢，反倒觉得父母顺从他、迁就他是理所当然的。如果谁反对他或者说个"不"字，那才是不对的。

可是这样的孩子到了学校，首当其冲的感觉就是失落和不适应。因为老师不会独宠他，小朋友们也不愿意听他的。于是他故技重施，结果发现在家灵验的办法到了学校一点儿都不管用。所以他只好回家对父母抱怨、发脾气。

我记得有一次儿子拿着他的玩具轮船在小区的花园里玩，一个孩子看见后，伸手去抢，想要把轮船占为己有。儿子当然不肯，那个孩子就哭了起来，哭声引来了他的妈妈。她一边安抚自己的孩子，一边劝我儿子把玩具轮船给她的孩子玩，还说她愿意买其他更好的玩具给我儿子。可那玩具轮船是儿子心爱的生日礼物，他不愿意被对方夺去，摇头反对，并转身向我求援。那位妈妈看见我后，跟我说愿意花两倍的价钱买下这个玩具轮船，叫我跟儿子商量一下，没准他会听我的话。

一般情况下，有些父母碍于情面，也为了显出自己的孩子慷慨、大方，往往会半哄半逼着孩子让出他喜欢的玩具。可我对这种做法很不赞同。一方面，这对对方的孩子没好处——自己解决不了的问题，只要父母出面，很快就能得到解决，久而久之，他会养成遇到问题就甩给父母的习惯；另一方面，会让自己的孩子心灵受伤——孩子会觉得这明明是自己的东西，可爸爸妈妈都不维护自己，从而和父母产生隔阂。

所以，我没有理会她的话，而是冲她笑笑，说："这是孩子的东西，我做不了主。"

没想到她听了很不高兴，还嘟囔了一句："你怎么连个孩子的主都做不了，还怎么带孩子啊！"

其实，以我对儿子的了解，我知道只要不是彻底夺去属于他的东西，他还是愿意分享给对方，大家一起玩的。于是，我走到那个孩子面前，对他说："如果你也喜欢这个玩具轮船，可以好好跟他商量一下，让他借给你玩一会儿。"

他大概知道哭闹没用，但又确实想玩这个玩具轮船，听了我的话，他有点心动了。

可是正当他努力想着怎么跟我儿子商量的时候，他的妈妈一把拽过他，说："算了宝贝，不让玩我们就不玩了。走，妈妈带你去商场买更好的。"

看着他们离去的背影，我无奈地摇了摇头。我觉得小孩子之间发生这样的事再正常不过，而且原本可以借此让他们互相沟通、交流，成为朋友。但是，就因为那个孩子的妈妈站在自己的角度、顾及自己的颜面，最终让孩子失去了这个对他成长有利的机会。

父母出于爱没有原则地向孩子妥协，结果让他成了家里的"小皇帝"或者"小公主"，一不顺心就哭闹、打滚。这样的孩子长大了，行为处事方面也会一点儿规则意识都没有，甚至还会受到别人的排挤和嘲讽。如果你不希望自己的孩子将来如此，那么从现在开始，给他进行规则教育，让他形成规则意识，不至于孩子长大出现不良言行时再感到后悔。

敬人者，人恒敬之

丈夫的公司组织员工郊游，允许员工带家属，于是丈夫决定带着我和儿子一起去。在车上，儿子认识了丈夫同事的女儿桐桐。桐桐妈和桐桐就坐在我和儿子前面的座位上，两个年纪相仿的孩子不一会就熟络了起来。在路上，桐桐妈一直苦口婆心地嘱咐桐桐要听话、有礼貌、不能随便乱跑等。桐桐满口答应，说自己"一定听话"。但我看她漫不经心的样子，感觉她根本就没把妈妈的话放在心上。

我们到达郊外的度假村时，已经快中午了，到达后的第一件事就是吃午饭。10个人一桌，我们和桐桐坐在一起。服务员上菜的时候，我们这桌还有两个人没到。这时，我看见桐桐急不可耐地拿出筷子，把各盘菜尝了个遍。桐桐妈打了一下桐桐的手，让她等那两位阿姨来了之后再吃。

这时，老公的一个同事客气地说："没事，孩子还小，她想吃就让她吃吧。"

见阿姨这么说，桐桐更有恃无恐了，把自己最喜欢吃的水蒸蛋拉到自己跟前，并且不让儿子和其他的小朋友吃，桐桐妈怎么说都没用。当看到其他人异样的目光时，桐桐妈一阵羞愧。她一把抱起桐桐，走出餐厅，然后朝桐桐的屁股上狠狠地打了一巴掌。

看到这里，我忍不住了，走过去告诉桐桐妈，像桐桐这样的孩子还处在自我意识萌发阶段，更多地注重自己的感受和需要，所以他们不懂吃饭的礼节是正常现象。通过打骂让孩子记住和改变是最不可取的，要对孩子进行正向的引导，比如让她换位思考，好吃的在别人那里，不让她吃，她会怎么样。

礼貌是人们为了表示自己对周围人的尊重而采取的主动约束自己的行为。我们教孩子要懂礼貌，比如见到长辈要主动打招呼，给他人造成不便要道歉，接受别人的帮助后要感谢对方……这是每个人都应遵循的基本规则。因为敬人者，人恒敬之。我们只有对周围人有礼貌，他们才会对你有礼貌。

可在现实生活中，由于父母的溺爱，更多的孩子形成了以自我为中心的世界观和价值观。他们凡事都要以自我为中心，做任何事情既不考虑他人，也不计后果。

有的父母说，孩子学习好就行了，懂不懂礼貌没有那么重要。对孩子的"无礼行为"掉以轻心。还有的父母认为："孩子还小，长大了就知道了！"对此，我想说，如果我们对孩子不讲礼貌的行为熟视无睹、听之任之，那么他们长大后在人际交往方面就会遇到重重阻碍，更不利于事业的成功。因此，我们一定要把教孩子懂礼貌、尊重他人当作家庭教育的一个重要目标。

由于孩子的理解能力有限，所以，我们在教孩子懂礼时，最好"言传身教"，少讲"大道理"，让他们在潜移默化中受到影响。比如，我在教育儿子时，会告诉他公文包是爸爸的，化妆盒是妈妈的，未经允许不能随便乱动等。同样的道理，书包是儿子的，不经他允许，我和丈夫也不会随便翻看。

此外，我们还要拿出足够的时间，认真、耐心地教孩子打招呼、用餐等基本礼仪。如果孩子一时学不会也不要勉强，我们要有耐心。孩子都有高超的模仿能力，我们将一些礼貌行为演示给孩子看，孩子就会以此为范本进行模仿，然后形成习惯。

对于桐桐在餐桌上的不礼貌行为，桐桐妈及时将她带离是正确的做法。但是，她动手打桐桐，不仅不能解决桐桐不懂礼貌的根本问题，反而有可能让桐桐产生逆反心理而跟她对着干。因此，我建议桐桐妈可以试着这样做：

首先，桐桐妈应先对打桐桐的行为表示歉意，并获得她的谅解。

其次，要告诉桐桐，她刚刚在餐桌上的表现是自私的、不受欢迎的。然后以尊重的态度和真诚的语气与桐桐交流，让桐桐懂得换位思考，体谅别人的感受。

最后，通过举例引导桐桐，让她真正意义上形成对"礼貌"的理解。

桐桐妈听取了我的建议，收到了比较理想的效果。桐桐回到饭桌后，表现得礼貌多了，而且在郊游的几天里，她变得像个小大人一样，主动照顾比自己年纪小的弟弟妹妹，有好吃的也分给大家吃。不仅大人都夸她懂事，小朋友们也喜欢跟她一起玩。

消灭任性，拒绝为"熊孩子"之过埋单

我曾看到这样一则新闻：深圳龙岗爱新小区里的 54 辆私家车被 4 名"熊孩子"刮花，修理费加起来多达 15 万元。事情发生了半个月，"熊孩子"和家长都没有现身。这一则新闻引发了人们对"熊孩子"的关注。

其实，在我们的周围有很多这样的"熊孩子"。每当面对他们任性的行为时，我不禁要问：到底谁来为"熊孩子"之过买下这昂贵的罚单？

现在的孩子十分懂得察言观色，很多"熊孩子"在家里和在学校有两种截然不同的表现。他们在学校里乖巧听话，服从老师的管理和安排。可是回到家里，由于父母和长辈的溺爱，无条件地满足孩子的要求，他们就成了任性的"小皇帝"，稍有不满就大哭大闹。而家长对孩子的所作所为并没有引起足够的重视，他们认为只要孩子高兴就好了，所以孩子们个个"熊"气十足。事实证明，这是家庭教育中存在的一个严重误区。

朋友的孩子敏敏是一个非常可爱的小女孩，今年 6 岁了，爷爷奶奶都很宠爱她。可是因为大人的宠爱和迁就，她养成了任性、蛮横的性格。

有一天，朋友跟我说，上个星期她带敏敏去超市购物，买了许多食物和生活用品。敏敏在超市逛了一会儿觉得累了，就对她说："妈妈，我坐在推车上，你推着我走吧。"可是，超市的推车已经不适合敏敏这么大的小朋友坐了。于是她对敏敏说："你是大孩子了，不能再坐在推车上。你再坚持一会儿，我们马上就买好了。"敏敏根本不听妈妈的话，立刻蹲在地上大哭大叫。朋友没办法，只好让她坐在推车上。

朋友买好了东西，在排队等待付款时，敏敏拿起购物推车里的一袋零食，准备打开吃。朋友立刻制止她："敏敏，这个妈妈还有没付钱，要付了钱才能吃。马上就排到我们了，你等一等。"可是敏敏不听，她一定要马上就吃。朋友批评她："你这个孩子，一点儿也不听话！"敏敏听了，一边哭着说"我就要吃，"一边摔打购物车里的东西。

朋友说："当时周围的人都看着我们，我觉得特别尴尬，特别丢脸，但又无可奈何。"

任性是很多孩子的通病，但孩子如此任性是与生俱来的吗？当然不是！任性是儿童心理发展过程中的一个正常现象。随着孩子自我意识的发展，通常会表现出大哭大闹，不听话等行为以达到自己的目的。此时，我们如果听之任之，无原则地迁就和满足孩子，他们的任性就会变本加厉。

那我们要如何正确处理孩子任性的行为呢？我给朋友提出了两条建议，希望对她管教敏敏有一定的帮助。

第一，面对孩子的任性，要"冷处理"。

当孩子的无理要求遭到拒绝而歇斯底里地大哭大闹时，我们可以采用冷处理的方法——不理睬，不劝阻，不责备，不争吵，不解释，不打骂。

儿子4岁半时出现了挑食的现象，我为了能改掉他这个坏习惯，每天都特意把饭菜准备得丰盛些。有一天中午，儿子说什么也不肯好好吃饭了，原来他上午和我去逛超市，看到很多零食，于是他不肯吃饭，吵着要吃好吃的。我当然不同意，要求他好好吃饭。他开始耍起性子来，把碗里的米饭一勺一勺地倒在桌子上。我非常生气，但没理他，转身拿抹布把桌子擦干净。他见我没反应，变本加厉，大叫："我不吃饭，就是不吃饭！"还把盘子里的菜汤弄得满地都是。我还是没有理他，而是默默地把饭菜收好，去做我自己的事了。他见我不理他，便开始大哭。

后来他哭累了，便停了下来，走到我跟前，小声地说："妈妈，我饿了，我好好吃饭。"

这时我才回答他："你去坐着等一会儿，饭菜凉了，我去给你热一下。你知道你刚才做错了吗？"

他低着头小声说："妈妈，对不起，我知道错了。"

我说："如果以后再发生刚才那样的事情，妈妈也不会理你。如果你愿意当一个讲道理的孩子，妈妈才会理你。"

他连忙说："我以后一定当一个讲道理的孩子。"

需要指出的是，面对无理取闹的孩子，我们在进行"冷处理"时，一定不要流露出心疼和迁就的意思。孩子是非常敏感的，一旦让他察觉到我们的妥协，他就会变本加厉。我们只有表现得态度坚决，才能有效抑制他们的任性行为。

第二，对孩子的任性行为要有适当的惩罚。

当孩子不听劝阻、一意孤行时，我们首先要和他们讲道理。如果道理讲不通，就应该给予他们警告。当警告也不起作用时，我们就应该采取适当的惩罚措施了。比如取消零食，减少玩玩具的时间，禁止看电视等。

有一天，我做好了一桌饭菜，招呼丈夫和儿子吃饭，但是儿子正在玩玩具。我让儿子把玩具放下，吃完饭再玩。儿子却说："我要玩玩具，不想吃饭！"丈夫也要儿子赶快吃饭，可是儿子坚持玩玩具不肯吃。

我说："你不吃，那我和爸爸先吃了，等会也不给你留饭，你也不能吃零食。"儿子不理我，跑到一边去玩了。我和丈夫吃完了后，丈夫对我说："要不去叫儿子吃饭吧，小孩子不吃饭一会儿就该饿坏了。"我说："不能惯着他，让他长长记性。再说一顿饭不吃对他也没多大影响。现在不把他这个毛病改过来，以后吃饭更费劲。"听到我的这些话，丈夫便没再说什么。我把饭桌和厨房收拾干净后，就去忙自己的事情了。

儿子看到我真的没有给他留饭，心里很委屈，但这次饿肚子的惩罚让他汲取了深刻的教训。后来，只要到了吃饭的时间，他一定会按时吃饭，不会再为了玩而不吃饭了，因为他不想再体会饿肚子的感觉了。

孩子任性时，父母要先给予正确的引导，如果他们不听，再对他们进行适当的惩罚，让他们意识到任性的后果，借此让他们长记性。相反，如果孩子任性时父母置若罔闻、不当回事，或早或晚会为他们的任性行为"买单"。

孩子打人，你管得不对才是大问题

一次和朋友吃饭时，她聊起了自己 3 岁的女儿婷婷。朋友说婷婷喜欢动不动就动手打人，或者咬人，还喜欢和其他的小朋友争抢玩具，或者撕扯别人的衣服。明明是个小姑娘，却极具暴力倾向。

有一天，朋友下班刚回到家，婆婆就跟她说："婷婷把小区里的一个男孩给打了。"朋友听后立刻将婷婷叫到身边批评了她一顿，并对她说："你要和小朋友好好相处，再打人的话，就没有小朋友愿意跟你玩了。"然而婷婷并不觉得自己做错了，她还振振有词地说："谁让他不把玩具给我玩。"

婷婷和爷爷奶奶在一起时也是这样，稍有不如意，就会动手打人。有一次，婷婷想吃冰淇淋，奶奶没有给她买，她就说："我不喜欢奶奶了！"说完还打了奶奶一拳。

发现婷婷有喜欢打人的倾向后，朋友曾就此给她讲道理，告诉她打人是不对的。但婷婷转身就把妈妈的话忘到脑后了，依然我行我素。后来，朋友见讲道理没什么效果，便狠狠地教训了她一次，可是依然没有什么效果。这让朋友很苦恼，不知道该怎么办才能让婷婷改掉打人的毛病。

据新浪网调查，九成以上的孩子都会产生攻击倾向，甚至有的孩子在受到攻击后，会更加猛烈地报复对方。如果我们不予重视、任其发展，这种行为就会转化为报复心理，甚至形成报复性人格。

因此，当孩子出现攻击行为的苗头时，我们要先弄清楚事情的原委，告诉孩子打人是不对的，应该怎么正确地处理，慢慢地提高孩子解决问题和人际交往的能力，保证孩子能够身心健康地成长。

还有一种情况，孩子的暴力行为是受到父母影响的。如果我们在生活中经常和别人发生冲突，对孩子也采取"棍棒教育"，那么孩子就会认为暴力是解决问题的唯一途径。当孩子遇到不顺心的事情时，他们也会以暴制暴。因此，想要孩子彬彬有礼，做父母的言传身教很重要。

我的儿子长得又高又壮，为了防止他出现暴力倾向，我在这方面下了很大功夫。

首先，让孩子用行为道歉。

在儿子读小学时，有一天，他和他的朋友文文在一起玩游戏。不一会儿，他们就吵了起来。趁文文不注意的时候，儿子猛地从身后将他推倒在地。文文一下子趴在了地上，"哇"地哭了起来。儿子知道自己闯了祸，不知所措地站在一边。

正在厨房忙碌的我听到哭声赶紧跑了过来，我一边安慰文文，一边严厉地批评了儿子，让他向文文道歉。儿子马上对文文说了一声"对不起"。我又说："你看文文哭得多伤心，光说'对不起'哪行，快去拿纸巾帮文文把眼泪擦干净。"后来文文不哭了，我让儿子带文文去洗手间洗了脸。

慢慢地，文文不再难过了，他们又和好如初，继续玩起了游戏。

当孩子出现攻击行为的时候，我们首先要让孩子为自己的行为向对方道歉。但口头道歉是不够的，时间长了，孩子会觉得伤害了人，一句"对不起"就能解决问题。因此，我们不仅要让孩子在口头上道歉，还要用实际行动获得对方的原谅。

其次，不要袒护孩子。

有一次，儿子在外面玩到很晚才回家。没过多久，一个妈妈领着一个小男孩敲响了我家的门。我把他们迎进屋后，小男孩的妈妈语气不善地对我说："你儿子用石头把我家孩子的头砸破了。"说罢指了指小男孩额头上的一处伤口。我问儿子是怎么回事，儿子说："他们几个男生朝我丢沙子，我一边跑，一边捡石头回击，不小心砸到他的头了。"小男孩也承认是他们先扔的沙子。尽管如此，我还是很严厉地批评了儿子，告诉他扔石头是不对的。我并没有因为儿子先受欺负就偏袒孩子，而是让儿子向小男孩和他的妈妈道歉，并表示愿意担负小男孩的治疗费用。小男孩的妈妈在得知了事情的前因后果后，也表示自家孩子有错在先，让小男孩向儿子和我道歉，这场风波就这样结束了。

当孩子犯错时，我们不要袒护孩子。小孩子们在一起玩，难免会有一些摩擦，我们没有必要小题大做，而是要引导孩子勇于承担责任、知错就改，并积极想办法去解决问题。

但需要注意的是，假如孩子经常发生暴力问题，并且还带有恶意报复的性质，我们就要严加管教了，一定不能袒护孩子。

最后，教育孩子，说服为主，赏罚结合。

有一天，儿子和邻居家的小哥哥一起玩耍时为了争抢一个玩具动起手来。由于儿子抢不过小哥哥，情急之下他伸手打了小哥哥一巴掌。小哥哥委屈地哭了起来。儿子仍不罢休，伸出手来还想打。我赶紧制止了他的行为，并对他说："不许打哥哥，打人不是好孩子！"然后，我让儿子向哥哥道歉，可是倔强的儿子闭着小嘴就是不肯表示歉意。

后来，我把儿子带回家，把好吃的东西、有趣的玩具都没收了，并且规定两天之内不许他出去找小伙伴玩。我对他说："因为今天你打了人，还知错不改，妈妈很生气。你暂时不可以出去玩，必须待在家里反思自己的错误。"儿子噘着嘴表示不满，我假装没有看见，而是找了一本书坐在沙发上安静地看起来。过了一会儿，儿子低着头走到我面前，说刚才打哥哥是他不对。

我放下书拉着他的手说："如果被打的人是你，你还愿意跟打你的人一起玩吗？"

儿子摇摇头。

我接着说："那你打了别人，别人同样不愿意跟你一起玩。而且你打了小哥哥，做错事还不认错，妈妈很失望。"

儿子赶紧说："妈妈，我以后再也不打人了，你带着我去给小哥哥道歉吧。"

孩子出现攻击行为时，我们可以先警告他："这样做是不对的！"然后循循善诱，跟他讲道理。如果孩子还是认识不到自己的错误，我们就要对他给予惩罚，绝不能迁就、纵容他。

总之，孩子打人，我们一定要管，还要管得对。

别以为是孩子就可以胆大包天、为所欲为

儿子的同学小宇是一个胆子特别大的孩子，据说他 5 岁起便总会做一些让爸爸妈妈担心的事。比如学邻居哥哥从高高的台阶上往下跳，扭伤了腿。还有一次拿打火机点燃木棍，竟然将手上烫出了一个大大的水泡。妈妈批评他："跟你说过多少次了，小朋友不能玩打火机！看，把手烫伤了吧！"小宇竟然说："不要紧，过几天就好了。"

有的孩子天生胆大，一副天不怕、地不怕的样子，爬墙、上树、摆弄插座等，丝毫意识不到会发生危险，而且他们总是很乐于尝试，即使受伤了也觉得无所谓。我认为，孩子有探索精神是好的，但是孩子这种"冒险"精神却让家长提心吊胆，生怕他闯祸或者发生危险。

日常生活中，我们都会采取一些安全措施以保证孩子的安全，比如在车上安装儿童座椅，在家用电器上加装儿童锁等。但是即便有了这些安全保障措施，我们也绝不能放松警惕，因为喜欢"冒险"的孩子对这些根本不管不顾。所以，我们一定要负起监护人的责任，既要保护孩子的好奇心、求知欲，又要防止孩子在探索中受伤。

面对爱冒险、胆大的孩子，我们要怎样引导他们远离危险，保护自己呢？

首先，要告诉孩子做危险事情的后果。

面对胆子大、爱冒险、喜欢刺激的孩子，父母一定要让孩子区分清楚什么是刺激，什么是危险，并且要说明做危险事情的后果。当孩子已经因为做危险的事

而受伤时，家长也要抓紧时机教育孩子下次远离危险。总之，家长要不厌其烦地提醒，千万不要怕麻烦。事前麻烦总好过事后后悔。

朋友的女儿勤勤很喜欢小动物，对小动物充满好奇，却把握不好与小动物的距离。她跟妈妈去市场，见到螃蟹都要去摸一摸，结果被螃蟹把手夹伤了；见大公鸡的鸡冠很漂亮，便伸手去摸，结果被鸡啄伤了手指；非要跟路边的流浪小猫"握手"，结果被猫抓伤了手臂……类似的事情数不胜数，朋友制止过她很多次，却没什么效果。只要看到小动物，勤勤还是会主动凑上前去。

朋友跟我说："前天，我和勤勤在公园里散步，看到一条小狗，还没等我反应过来，琴琴就飞快地跑过去拍了一下小狗的头部。小狗被琴琴突然的举动激怒了，面露凶相地发出了低吼声，我吓坏了，赶紧把勤勤拉开。告诉她：'狗狗生气了是会咬人的，而且你还要打针！'她好像被我吓到了，有些恐惧地看了看旁边的小狗。我摸了摸她的头说：'小狗正在自己玩耍，你跑过去拍它一下它会不开心的，它不开心也许就会咬你。换位思考一下，如果你在玩耍，有个小朋友突然跑来拍你一下，你也会生气的，对吗？'"

听了朋友的话，勤勤知道了盲目攻击小动物的危险性，也知道了要和动物保持适当的距离。从那以后，她再也不随便乱摸小动物了。

其次，在安全的前提下让孩子知道事情的危险性。

很多孩子都具有逆反心理，当他们的冒险行为遭到阻止时，往往会心生不甘，并在心底盘算一定要再次寻找机会继续他们的冒险行为。如果父母察觉不到孩子的异样情绪不加以疏导，就会造成非常严重的后果。

有一次我去朋友家做客，她的儿子东东在我们的身边玩耍。突然他拿起一根小铁丝准备去捅插座，想看看有没有电，幸亏被朋友及时发现，才没有酿成悲剧。

东东被拉开后，不情愿地瞪着妈妈。朋友对他说："东东，你是想看看插座里有没有电，是吗？妈妈帮你找一个更好玩的！"说完朋友拿走了东东手里的小铁丝，给他找了一支试电笔。

朋友教东东使用试电笔，当试电笔插进插孔时就会亮起来，而把试电笔拿开后，试电笔就不会亮了。东东马上被吸引住了，他对朋友说："妈妈！这个东西太神奇了！"

朋友趁机告诉东东这个神奇的东西叫作试电笔，是专门用来检测电线和插座是否有电的一种工具。东东饶有兴致地观察着手中的试电笔。

朋友接着对东东说："你知道妈妈为什么不让你用铁丝检查插座是不是有电吗？那是因为电是非常危险的东西，你拿着铁丝插进插孔里，电就会顺着铁丝传到你身上，会把你电死的。"

东东似懂非懂地点了点头后，问道："为什么试电笔就不会把电传到人身上呢？"

朋友赞赏地说道："宝贝你真爱动脑筋！真棒！你看看试电笔外面包着的一层什么呀？"

东东摸了摸试电笔，回答道："是塑料。"

朋友解释说："对，就是塑料，塑料会阻挡住电。我们用手拿着有塑料的这一头，就不会触电啦。"

东东听了朋友的话，认真地点了点头，说："我再也不用铁丝捅插座了！"

我的朋友是一位智慧的妈妈，她通过使用试电笔，既满足了孩子的好奇心，又让孩子知道了电的危险性。

孩子是脆弱的，对危险也没有正确的预防心理，所以，家长要循序渐进地引导孩子，让他们树立安全意识，在探索的过程中学会保护自己。

切勿为孩子的"自私"喝彩

我的邻居最近很为自己的儿子苦恼，因为他们 5 岁的儿子非常自私。不管是在家里还是在外面吃饭，若是有他喜欢吃的菜，他总是要把菜盘端到自己的跟前，别人谁也不能吃，他自己一个人霸占；他自己的玩具谁也不让碰，别的孩子玩一下再还给他都不行；看电视时，他总是一个人想看什么就看什么，别人要是换了频道他就会大哭大闹；他想出去玩时一定要让爸爸妈妈带他去，不管他们是要上班还是累了想休息，否则他就会满地打滚。

邻居语气无奈地说："为儿子付出了那么多，没想到他却如此自私，从不考虑爸爸妈妈的感受和需求。"

听了邻居的抱怨，我语气笃定地告诉他们：懂得分享、照顾他人的感受并不是孩子天生就会的，这需要家长适当地引导和教育。

自私的孩子总是不招人喜欢的。而这种性格一旦养成会对他们以后的生活、学习和工作产生十分不利的影响。邻居迫切地问我，要怎样做才能让孩子学会分享、关心、体谅别人？于是，我向他们分享了我的经验。

首先，要培养孩子的同理心。

所谓同理心，是指理解和感受对方的情绪和情感，就像感受自己的情绪情感一样。具有同理心的人常常能够站在对方的角度想问题，设身处地地体会对方的感受和想法。培养孩子的同理心，就是要时常教育孩子设身处地地考虑对方的需求和感受，能够体谅并接纳对方的需求和感受。

　　自私的孩子常常是缺乏同理心的，这类孩子只会考虑并努力满足自己的需求和感受，而不能理解并接受对方的感受和需求。

　　我儿子 7 岁时，有一个很要好的伙伴，叫成成，两个孩子经常在一起玩。有一天，成成的妈妈带着成成又一次来我家玩，成成抱着爸爸新给他买的一个电动玩具小熊。这个电动小熊会唱歌、会跳舞，成成很喜欢。我和成成的妈妈在客厅里聊天，儿子则和成成在房间里玩。儿子看到成成的电动小熊也想要玩一玩，可是成成说什么也不让他玩。情急之下，儿子就伸手去抢，成成急得大叫。

　　在抢夺中，儿子把成成的电动小熊摔坏了。于是，成成便生气地拿起儿子的遥控汽车狠狠地摔到了地板上，汽车的车灯顿时被摔落了，车轮也掉落了一个。战争一触即发。我赶紧跑过去拉开他们两个，平复了情绪后，我问成成和儿子为什么打架。两个人争先恐后地向我"告状"——都在指责对方的过错。

　　弄清缘由后，我对儿子说："你的汽车被成成摔坏了，你是不是很难过？"

　　儿子抽泣着点点头。

　　我接着说："可是你把成成的小熊摔坏了，他也会很难过的啊！如果你是成成你会怎么做呢？"

　　儿子听了我说的话，好像明白了什么，他停止了哭泣，走过去给成成擦起了眼泪，并安慰成成说："成成不哭，我把我的玩具送给你。"

　　看着这两个稚气的孩子，我和成成妈妈笑了。我对儿子说的"摔坏成成的小熊"唤起了儿子的同理心，他的理解是，成成的玩具坏了他也会伤心。这才有了儿子给成成擦眼泪并安慰成成的举动。

　　当孩子的行为伤害到别人的时候，我们可试着让孩子理解一下别人此时的感受和心情，这样就可以有效地培养起孩子的同理心。

　　其次，让孩子知道别人也有各种需求。

　　孩子的自私行为很多时候是因为他并不知道别人也有各种需求和感受，他不了解自己的自私举动会给别人带来什么样的伤害。这样一来，他就很难照顾到别人的需求和感受，而一心只想着满足自己的需求。

很多父母对孩子总是表现得很无私，他们甚至用谎言来满足孩子的各种需求。我的邻居就是这样，比如家里买了好吃的，他们自己舍不得吃会全部给了孩子，并对孩子说："你吃吧，爸爸妈妈不喜欢吃这个。"然而，父母总是在孩子面前掩盖自己的真实需求和感受，久而久之很容易让孩子变得自私自利。

我曾经在网上看到过《妈妈喜欢吃鱼头》的故事，让我感触很深，我写出来与大家分享一下，同时也想点醒一下那些爱说"谎言"的父母：

孩子小时候，妈妈每次做了鱼，总是把鱼身上的肉全都给孩子吃，而自己只吃鱼头。当孩子懂事地把鱼肉让给妈妈吃的时候，妈妈又把鱼肉夹回给了孩子，并笑着说："孩子，你吃吧，妈妈不喜欢吃鱼肉，只喜欢吃鱼头。"

后来，这个孩子每次吃鱼，都习惯性地把鱼头让给妈妈吃，并说："妈妈喜欢吃鱼头。"

妈妈用谎言掩盖了自己的需求，她是无私的，但她的无私却换来了孩子的自私。父母爱孩子，就要让他们学会去关心、爱护他人，不能做什么事情都只想到自己。要知道，父母过度泛滥的爱并不是真正的爱，别用自己的无私换来孩子的自私。

Chapter
3

习惯若不是最好的仆人，便会是最差的主人

世界上最怕"认真"二字

同学聚会，一个许久未见的同学跟我说起了她9岁的女儿佳丽。佳丽平时做事总是毛手毛脚、丢三落四，是一个典型的"马大哈"。她每天早晨去上学的时候，不是找不到红领巾，就是忘了带文具盒。写作业的时候，她总是找不到文具，铅笔每天都要丢一两根，橡皮两天就能丢一块。无论我的同学怎么嘱咐她，她的这个毛病总是改不了。

有一次，轮到佳丽值日，她匆匆忙忙去学校打扫卫生。到上课时，她才发现自己居然忘记带书包。佳丽急得差点哭了出来，赶紧给妈妈打电话。可是，当妈妈把书包送到学校时，一堂课已经过去了。

在学习上，佳丽同样粗心大意：做数学作业时，她总是做错，也经常把"9"看成"6"，把"+"当成"-"，甚至有时会落下半道题忘了做；做语文作业时，经常错字连篇，把"已"写成"己"，把"狼"看成"狠"等。每一次考试完，佳丽都很有信心，说没有什么不会做的。可试卷一发下来，错误多着呢，不是漏了一个数，就是多写了一个数，这样直接影响到了她的学习成绩。

看到佳丽如此粗心马虎、不认真的模样，我的同学很是发愁，不知道该怎么办。看着同学一脸无奈的样子，我那颗喜欢帮助人的心又开始"泛滥"了，决定帮帮她。

"世界上最怕'认真'二字"，很多时候，人做事是否认真、仔细，常常就会成为事情做好还是做坏的分水岭。幼儿期是培养各种良好习惯的重要时期，认真仔细的习惯也须在幼时就开始培养。

我们常说，细节决定命运，孩子是否养成认真的习惯，常常会给孩子以后的人生带来极大的影响。认真就是把事情的每一个细节都努力做好，把每一件小事都努力做好。如果我们在教育孩子时，在每一个细节中，在每一个细微处，都注重培养他们认真的习惯，那么他们就更容易创造幸福美好的人生。

那么，在现实生活中，我们应该如何培养孩子做事认真的习惯呢？我的做法或许会给佳丽妈妈和有类似困扰的父母一点启示。

首先，在日常生活小事中，慢慢培养孩子认真的习惯。

别让孩子乱拿乱放，要让他认真对待每一样东西。例如，在孩子刚刚学会走路的时候，就开始利用日常生活中的一些小事慢慢来培养他认真的习惯。以我自己的亲身经历为例：

刚学会走路的儿子，对家里的每一个角落都充满好奇，常常四处走走看看，拿起这个摸一摸，拿起那个看一看，可是每次拿起东西之后都不知道放回原处。这时候，我就会对他说："宝宝，要把拖鞋放回鞋架上，不然爸爸回来时就找不到它了。""宝宝，遥控器要放到电视旁边，这样妈妈才能看见它，然后给你打开电视看动画片。"……儿子虽然还不太会说话，但已经能听懂我的话了。于是，在我的要求下，他都会很乖巧地把拿起来的东西放回到原位。时间长了，儿子渐渐养成了这种认真的习惯。有时候，如果看到爸爸的拖鞋被丢在沙发旁边，他都会捡起来放回到鞋架上。每当这时候，我都会真心地夸奖他："宝宝真细心啊！宝宝真棒啊！"

2岁多时，儿子对玩具越来越感兴趣了，我就利用收拾玩具这件事来培养他认真的性格。有一天吃过晚饭以后，儿子把自己的一箱积木拿出来倒在客厅的地上，然后开心地玩了起来。我做完厨房里的家务，也过来和他一起玩耍。玩了一会儿后，他对我说："宝宝要睡觉觉了。""好吧，那你先把积木收拾到箱子里吧。"我说。

于是，儿子开始收拾散落于地板上的积木，而我则一直在旁边看着他。收拾了一会儿后，他以为积木都已经装进了箱子，所以准备盖上盖子。这时候，我发现有一块小积木还没有被放进积木盒里，而他却没有看见。于是，我问他说："你看看积木都回家了吗？"儿子看了看客厅周围的地上，又看了看积木盒，没有发现任何问题。他没有看出来盒子里有些积木之间的空隙（积木都收进去后，各积木间是没有空隙的），也没有发现在沙发一角被遗忘的那块积木。

"你看看积木的房子里满了吗？"我又启发他。儿子用手动了动盒子里的积木，发现了空隙，"咦，小房子还不满呢？"

"房子为什么还不满呢？"我问。"还有积木没有回家。"儿子明白了，就四下去找那块"没有回家"的积木。过了好一会儿，他找到了，高高兴兴地把它放进盒子，盖上盖子。这时候我对他说："每次玩过积木之后，要把它们都放回箱子，不能丢下任何一块儿，要不然第二天你就找不到它们了，知道了吗？"

"知道了。"儿子高兴地回答道。

在生活中的其他方面，我也不会错过培养儿子认真做事的机会：每次吃完瓜子后，我都让儿子检查一下有没有掉落在地上、没扔进垃圾桶的瓜子壳；每次画完了画，都让他检查一下画笔有没有扣好笔帽；每次吃完饭，我都要给儿子一块纸巾，让他把自己吃饭的那块桌面擦干净。最初，这些事情都是我和他一起做，慢慢地，到他快3岁时，很多事情他就能独立完成了。

其次，帮孩子养成检查的习惯。

儿子上小学时，经常将上课时需要的文具或者课本忘在家里，有时还会忘记老师布置的作业。每天晚上写完作业后，儿子就会将笔和作业本一扔，要求我帮他整理书包。看到儿子的书包，我总会皱起眉头，因为他的书包比垃圾箱好不了多少，又乱又脏。我想这样下去不是办法，于是对他说："明天上课时要用什么东西你自己最清楚，以后你就自己整理书包吧。不能总让妈妈替你整理，我最多会提醒你检查一下。"我说完后就去做自己的事情了，儿子只好自己动手整理书包。

第二天上学前，我让他从头到尾检查一遍书包，看看还缺什么。当他忘记带某样东西时，我不会直接告诉他，而是让他自己去想。

渐渐地，儿子上学时忘记带东西的次数越来越少。后来，他基本改掉了丢三落四的毛病。

面对总是喜欢丢三落四的孩子时，我们首先要做的，是让孩子养成检查的习惯，小到检查自己的书包，大到检查自己做的作业。长此以往，孩子就会改掉丢三落四的毛病，而养成认真的习惯。

其实，让孩子养成认真的习惯并不难，难就难在我们对于孩子习惯的养成要一直持认真的态度。世界上任何难事最怕"认真"二字，不是吗？

一分钟，你能做什么？

一个周末，我去一个朋友家做客。当我走进她的家门时，朋友正在催她的女儿兰兰写作业。可是1个小时过去了，我看见兰兰仍然坐在地上玩玩具。朋友继续催她，她回过头说："时间还早呢，我再玩一会儿就去写作业。"于是，在我和朋友聊天的过程中，我看见兰兰玩完玩具，又去看动画片，接着又去和家里的小狗玩……

时间到了晚上6点，兰兰还没有写作业。吃过晚饭，朋友又催促兰兰去写作业，兰兰回答说："再玩一分钟。"朋友不耐烦地让她赶紧去写，而兰兰也不甘示弱地喊道："我就玩一分钟，一分钟，我能做什么？"

看着兰兰如此没有时间意识，我坐不住了，走过去摸着兰兰的头，说："兰兰，阿姨告诉你，一分钟能做好多事情。比如，一分钟，你能读完一道题；一分钟，你能完成一幅简单的画；一分钟，你能穿好衣服；一分钟，你能读完几个单词……"

还没等我说话，兰兰就大声地叫道："好啦，我知道了，一分钟能做很多事情。我现在就去写作业。"

看着兰兰无所谓的样子，我知道我的这番说教并没有起到任何作用。朋友看着我无奈地摇摇头。

在现实生活中，像兰兰这样的孩子有很多。那么，为什么这些孩子的时间观念会这么差？为什么他们不懂得珍惜时间，对时间的流逝无动于衷呢？其实，根本的原因就是孩子存在严重的放纵心理。所谓放纵心理，就是说孩子在做任何事情时完全按照自己内心的想法去做，不懂得控制自己，不懂得自律，对一切事物都采取无所谓的态度。无论是日常生活还是学习，他们都不放在心上。

为了让朋友改掉兰兰浪费时间的坏习惯，我给朋友讲了一下培养孩子珍惜时间的好习惯的重要性。

俗话说："一寸光阴一寸金，寸金难买寸光阴。"时间，是这个世界上最珍贵的东西。作为父母，培养孩子珍惜时间的好习惯，将会使他一生受益。比如，珍惜时间的孩子会对一天的时间做出合理的安排，今天要做什么事（比如上学、完成作业、看动画片、课外阅读、参加兴趣班、和朋友出去玩，等等），他会安排先做什么，再做什么。就算没有人提醒，他对计划也了然于心，绝不会打乱节奏。

随着时间的推移，孩子慢慢长大，等他们踏上社会，从小养成的管理时间的能力会让他们在工作中游刃有余。试问，哪个领导不喜欢效率高的员工呢？谁不喜欢和这样的人交朋友呢？管理时间的能力，会给孩子的人际关系方面增加很多的印象分，让他更容易获得他人的信任与肯定。

所以，为了孩子的成长和未来的发展，一定要从小培养孩子的时间观念。

讲到这里，朋友迫不及待地问我："你有没有什么好的方法可以改正兰兰浪费时间的坏习惯呢？"于是，我把我培养儿子珍惜时间的方法一一告诉了她。

首先，从生活入手建立孩子的时间观念。

比如，我们叫孩子起床的时候可以说："六点半啦，小懒虫应该起床啦。"洗脸刷牙的时候可以说："宝贝快一点，已经七点半啦，你要迟到了。"周末上兴趣班时，可以跟他说："画画班下午三点上课，现在才一点，你还可以休息一会儿。"这样潜移默化地影响孩子，让他们知道什么是"早"，什么是"迟"，这样他们就能很好地感受到"时间"了。

其次，选择合适的时机，让孩子意识到不守时的后果。

在儿子刚上幼儿园时，我每天早上都要反反复复地催促他，防止他迟到。终于有一天，我再也忍不住了，就对儿子说："明天早上 7 点我在客厅等你，如果超时了，没赶上跟我一起出门，那就是你自己的责任。老师批评你了，你别哭鼻子。"

儿子并没有把我的话放在心上，第二天早晨依旧磨磨蹭蹭地不肯出门。送他到幼儿园的时候，同班的小朋友已经开始上古诗课了。儿子因迟到受到了老师的口头批评。让我欣慰的是，儿子通过这件事吸取了教训，牢牢记住了上学一定要守时的观念。

孩子年龄小，对于老师和家长的批评，印象会极为深刻。我的做法虽然非常严厉，但是却值得父母们参考。选择一些合适的时机，让孩子意识到不守时的后果，当孩子有了不开心的体验时，自然会改正自己的错误。

再次，父母要以身作则。

我常常听到父母抱怨孩子不会管理时间，浪费很多时间做无用的事，却从来不反省自己，是否为孩子做了一个好的榜样。孩子是一面镜子，父母的行为习惯对孩子的影响，都会在孩子身上展现出来。假如父母做事丢三落四，拖拖拉拉，却想让孩子集中注意力，提高效率，这样的可能性是很低的。因此，在培养孩子珍惜时间的习惯时，父母首先要做到以身作则。

比如，自觉地读书、看报，主动地和孩子一起讨论问题，共同进步等。不能把一切要求都加注在孩子身上，自己却什么都不注意。这样不仅会让孩子产生很大的压力大，还会给孩子以逃避的借口。孩子会认为：爸爸妈妈都没有做好，自己也没必要注意了吧。父母要谨记"孩子有样学样"，要想让自己的孩子养成良好的习惯，就要从自己抓起，改正坏习惯，给孩子做一个好的榜样。

最后，让孩子记录他的"时间开销"。

我们可以让孩子记一个时间的"流水账"，从而让他们知道自己的时间都花在了哪里。

从儿子读小学 3 年级开始，我就开始利用这一方法来让儿子养成珍惜时间的习惯。每天晚上，我会和儿子坐下来一起回忆他一天都做了什么。如果儿子不会安排时间，那么通过时间"流水账"就会发现，一天没做什么事儿，时间就过去了。有时我会引导他回忆更久以前的事情，如让他想想上个星期，甚至过去的一个月都做了些什么事情。然后让儿子把回忆出的事情在纸上罗列出来，让儿子更加直观地感受到自己浪费了多少时间。

实话实说，当我把这些运用在儿子身上的方法讲给朋友听时，我并不确定对兰兰养成珍惜时间的习惯是否有用，因为每个孩子都是不一样的。但令我感到欣慰的是，几个月后，朋友发微信告诉我，兰兰浪费时间的行为越来越少，她已经慢慢地懂得了时间的重要性，并正在向好的方向发展。

不管怎样，这是一件值得高兴的事，不是吗？

"腹有诗书气自华"，让孩子在书的海洋里遨游

在日常生活中，常听到一些父母这样说：

"整个暑假孩子都在玩电脑，一提起看书就烦，说看书太无聊，没意思。"

"比起看书孩子更愿意看电视，经常一看就是一天，说也说了，打也打了，孩子就是不愿意坐下来看书。"

"我家孩子看科幻动画片可以看到废寝忘食，为了培养他读书的习惯，我特意给他买了一些科普读物，想着他应该感兴趣。可是孩子却觉得那是'破书'不愿意看。"

……

总之一句话，孩子不愿意阅读，没有养成阅读的习惯。

如今的父母，大多受过良好的教育，对于养成阅读习惯的好处，想必不用我说都能明白。培养孩子阅读的习惯对于孩子独立思考和自我教育能力的发展有着极其重要的意义，是孩子开发智力、发展能力的重要手段，也是家庭教育工作中非常重要的内容。

我们培养孩子养成良好的阅读习惯，是为了让孩子吸收各种知识，成为一个有内涵、有修养的人。"腹有诗气自华"说的就是这个意思。真正爱孩子的父母都应该对孩子进行耐心细致的训练和培养，使孩子养成这一终身受益的习惯。我可以把我培养儿子养成阅读习惯的诀窍告诉大家，给大家做一个指引。

首先，让孩子感受到阅读的乐趣。

儿子小时候也不喜欢看书，但经过我慢慢地培养和引导，现在他已经养成了

阅读的习惯。儿子刚上小学的时候，我为他订阅了《小学生天地》杂志。杂志上经常会有一些猜谜语、填字谜等趣味板块，我就和儿子一起参与，开拓思维。

有一次，儿子在《小学生天地》杂志上看到了一个名为"读者知识竞赛"的活动，活动介绍一栏写道：每个参赛的小朋友需填写一份知识问卷，并根据主题画一幅画，获奖的小朋友可以获得一份精美的礼物。儿子非常感兴趣，我鼓励他参赛试试。儿子自己主动填完了知识问卷，并且认真地画了一幅画，和我一起寄给了《小学生天地》。

几个星期后，儿子收到了《小学生天地》寄来的奖品——一套文具，原来他在这次有奖问答比赛中获得了三等奖。儿子非常开心，这对他的阅读热情是一个巨大的鼓励。我对他说："儿子你真棒！你能得奖是因为你把平时从书本中看到的知识都记住了！"有了这次得奖的经历，儿子对阅读的兴趣更浓了。

其次，家长要以身作则，放下手机，拿起书本。

我和丈夫都有阅读的习惯，儿子耳濡目染间也受到了一些影响。

儿子上小学2年级时，以阅读配插图注音的儿童读物为主，当时读纯文字的书籍对他来说还是略有难度的。有一天，他看到我正在读一本长篇小说，觉得很有意思，表示他也想读这样的书。但对于他的年龄来说，读长篇小说还有一定的难度，我示意他翻翻我的书，儿子饶有兴致地翻了两页便合起来了，他对我说，他觉得读纯文字的书太难、太枯燥了。

为了提升儿子的阅读能力，我给他买了一本《汤姆·索亚历险记》。这本书情节有趣，易于被孩子理解。但我没有告诉儿子这本书是给他买的，而是拿出那本书像平时一样读了起来。而且在读的时候我会故意发出一些声音，或惊叹或赞美。同时，我还会在儿子睡觉前故意跟他"分享"书中的一些有趣情节。儿子总是着急地问后面发生什么了？我回答他："妈妈还没看到这里来呢！等我看完了再给你讲。"每到这时，孩子都会露出失望的表情。

有一次，我又讲到一半不讲了，儿子急得抓耳挠腮。我就顺势引导他说："妈妈还没看完，你想知道的话可以自己看看这本书啊！"一开始儿子还担心自己读不懂，我对他说："没关系，你可以的，看不懂的地方可以拿来问爸爸妈妈呀。"后来，他读得津津有味，被书中的情节深深地吸引住了。

其实儿子的识字量是很大的，只是他对自己没有信心，有畏难情绪。只要稍加疏导，孩子完全可以自己阅读。很快，儿子就读完了这本书，并且产生了继续读长篇小说的兴趣。不知不觉中，儿子的阅读能力越来越强了。

后来，我为儿子选择了各种各样适合他的书籍，如百科知识类、文学类、历史类、自然地理类、科普类、科幻奇幻类等。我还为他准备了字典，当他在阅读过程中遇到不认识的字时，可以查字典，解决了儿子的后顾之忧。如今儿子的阅读量已经非常大了，他经常跟我和丈夫讨论书中的情节，并发表自己的意见。儿子在阅读的熏陶下，变得更加聪明睿智了。

要想让孩子养成好的阅读习惯，父母就要放下手机，拿起书本，为孩子营造一个良好的阅读环境。父母的言传身教，就是帮孩子养成阅读习惯的最好方法。

一个能思考的人，才真正是力量无边的人

提到孩子的习惯培养，很多父母都会赞同要培养孩子勤奋学习的习惯。但是，要想孩子有所成就，仅仅有勤奋还远远不够。对此，巴尔扎克说过这样一句话："一个能思考的人，才真是一个力量无边的人。"

如果我们的孩子永远只是被动地接受别人的观点和结论，而不去独立思考，那他永远也不会有创见。同样是人们司空见惯的事情，不会思考的人只会把它当作一件再平常不过的事情。而勤于思考的人却能从平常中发现不平常的东西。比如，炉子上的水开了，蒸汽顶起壶盖，不勤于思考的人会认为这是理所当然的，而瓦特却能从中发现蒸汽的力量，从而发明了蒸汽机。

所以，要想让孩子在他以后的人生中能够赢得更多的发展机会和成功机会，培养孩子思考的习惯是非常重要的。因为任何成功都要靠智慧取胜，而思考是获得智慧的根本途径。

对于如何培养孩子思考的习惯，我给大家提出两点建议：

第一，让孩子自己寻找答案。

在生活和学习中，孩子若对某一事物或现象产生了疑问，我们要尽量鼓励孩子自己去寻找答案，而不是直接将问题的答案告诉孩子了事。孩子在自己寻找答案的过程中必须积极思考，这也是培养他思考能力和思考习惯的一个途径。

我儿子在读初中 2 年级的时候，由于刚刚学习了简单的电路知识，他就对家里的某些电器产生了浓厚的兴趣，总想着把家里的手电筒、台灯等小电器拆开，

看一看里面的电路连接情况。我看到儿子对电器有这么大的好奇心，就把坏了的还没来得及修理的电水壶拿出来，让他试着修理一下，看他能否将所学的知识活学活用。

儿子看到我递给他的电水壶，高兴坏了，心想所学的知识终于有了用武之地。儿子以前曾亲眼看到丈夫修理过一些小电器，自己又学习了电路知识，他认为自己修理电水壶应该不成问题。

儿子拿着电水壶端详了一会儿，发现难以看到水壶里面的机关，好像它出问题的可能性会比较小。那会不会是电线出了问题呢？儿子思考了一会儿，他把电线插头上的螺丝卸了下来，发现里面的金属线已经被烧焦了，还能闻到一点焦煳味。儿子确认一定是这里出了问题。于是，他剪掉电线头上烧焦的部分，再去掉好的电线上的一段塑料外皮，然后学着爸爸的样子，把裸露出的每一缕铜线拧成紧密的一股，最后用螺丝固定在那两个金属片的小孔里。他还记得以前爸爸说过，两个金属片或端部的金属线不能接触，否则就会短路，物理老师在课堂上也是这么说的。所以他特意看了看铜线有没有互相接触。

做完这些后，儿子又把插头上的硬塑料外套安装好，并把几个螺丝给拧好。丈夫为了以防万一，还帮他检查了一下各条线路，并没有发现什么问题，儿子便将拆过的部分重新整合了起来。

儿子在电水壶里装了一壶水后，插上了电源，过了一会儿，水壶里的水开始升温了。成功了！儿子对此颇感自豪。

在生活中，如果孩子对什么事情有疑问或是遇到什么难题，我们不要急于将问题的答案或解决问题的办法告诉孩子，而是要鼓励他自己去思考，去寻找解答和解决问题的办法。这其实就是在培养孩子思考的习惯。

第二，鼓励孩子凡事多问为什么。

孩子的小脑袋里总是装着许多奇奇怪怪的问题，他们喜欢缠着家长问这问那，这是他们具有好奇心的一种表现。孩子对周围未知的世界充满好奇，就会在头脑里不断地思考，不断地提出各种问题。当找不到答案的时候，他们就会向家长求助。孩子的这种提问和思考是非常可贵的，这是他们获得生存和生活智慧的重要方式，是培养他们思考能力和习惯的良好时机。

但令我们感到遗憾的是，很多父母因为各种原因逐渐打击和扼杀了孩子的这种好奇和思考的习惯。这对开发孩子的潜能是致命的伤害。

比如，孩子发现水壶开了，热气冒出来了，会问我们："为什么水加热了就会开？为什么水开后有蒸汽？为什么凉水没有蒸汽呢？"孩子诸如此类的很多问题常常让我们回答不上来。或者我们正忙着自己的事情，很容易对孩子的提问产生不耐烦："去去去，怎么这么多为什么，烦不烦啊？"或者是用一句"本来就是这样，没有为什么"来打发孩子。孩子一连串的问题却遭到我们如此的呵斥，心里难免会产生不快。而家长打击孩子提出问题的做法既不利于培养孩子的思考能力和习惯，也不利于孩子的潜能开发。

为了培养孩子爱思考的习惯，家长应鼓励孩子多提出问题。不要害怕不知道问题的答案会丢面子，而去责骂孩子。这种打压的态度，不仅会扼杀掉孩子的好奇心，还会压抑孩子的思维。

做事有条理者易成才

有一天，我应邀去朋友家做客。朋友的儿子名叫球球，是一名 3 年级的小学生。我跟朋友在客厅里聊得正开心，球球突然跑过来，一脸焦急地对朋友说："妈妈，我马上就要去参加比赛去了，我的飞机模型呢？我找了很多地方没找到，你快点帮我找一下。"朋友听完立马就站起来，跟我打了个招呼，就进房间去帮球球找模型去了。

过了很长时间，朋友才从球球的房间里走出来，满怀歉意地对我说："不好意思啊，让你久等了！球球最近参加了一个模型比赛，我找了半天才帮他找到飞机模型。"

我向朋友表示想要看一下球球做的飞机模型，朋友欣然应允，随即满脸尴尬地对我说："他的房间特别乱，你做好心理准备啊！"听到朋友这么说，我走进了球球的房间——确实是非常乱。写字桌上的书本、作业本，还有漫画书乱堆一通；各种小零食的袋子和空的饮料瓶子随处可见；床上堆满了衣服，航模的零件也散落得到处都是。

看到这样的场景，朋友的脸上有些挂不住，接下来的聊天内容，我们就针对孩子教育的问题聊了起来。

朋友告诉我，球球从小就是这样，做事情没有条理性。例如：当球球自己玩玩具时，从来不会放回原处，玩累之后就到处乱丢，留下满屋狼藉等着父母收拾。当时朋友觉得球球还小，还不会做这些，就帮着孩子收拾了。

现在球球已经上小学了，但是为了让他把全部的精力都放在学习上，父母每天都是尽可能地为他服务，吃喝都尽心尽力安排好，甚至在刷牙的时候连牙膏都帮他提前挤上……

球球做作业时也会让朋友十分头疼。因为球球磨磨蹭蹭始终不在状态，有朋友陪着时，球球的作业还能做得好一些。如果遇上她没空，那球球写的作业就会惨不忍睹。更让朋友感到惊讶的是，有时候球球根本不知道老师布置了哪些作业，还要他们打电话去询问老师今天布置了哪些作业。老师有时候也会跟他们反映球球做作业完全不按顺序，而且答题也没有任何逻辑性，也不标注题号，经常让老师犯难——不知道球球做的是哪道题。

听完朋友的"诉苦"，我立刻明了了球球的症结所在——父母没有帮他养成做事有条理的好习惯。因为球球在生活中想做什么做什么，毫无规划和条理，所以才会导致这一系列行为的发生。

做事有条理对孩子来说是一个非常重要的好习惯。它可以让孩子们在遇到事情时保持镇定不慌乱，并且能够有条不紊地将事情处理好。反之，如果做事没有条理，不论是生活还是工作，都会衍生出很多问题。在人生的道路上，获得成功的概率也会比别人小很多。

为了让朋友很好地培养球球做事有条理的习惯，我把我培养儿子做事有条理的方法告诉了朋友。

首先，父母不能越俎代庖。

我经常看见很多父母什么事情都帮孩子做好，认为这就是爱孩子的最好方式。其实，这并不是爱，而是"溺爱"。父母的越俎代庖不仅会让孩子产生严重的依赖心理，而且还会剥夺孩子自己动手，体验生活的机会。作为父母，我们要教导孩子怎样有条理地去做事，而不是替他们去做事。

在儿子小时候，和球球一样，也喜欢将玩具到处乱丢，但我却不像球球妈妈一样，帮他收拾。每次看到家里到处都是儿子的玩具时，我就会叮嘱他，让他赶紧将玩具收起来，而且还要分类摆放好。

除此之外，我还会告诉儿子，换下来的衣物不能乱扔，要放进洗衣机；自己准备好上学时要带的东西；把自己的房间打扫干净等。这些都是帮助孩子形成一个良好的生活习惯，也是培养孩子做事有条有理的基本训练。

渐渐地，家里就很少看到他把玩具到处丢的场景，甚至连他自己的房间，东西都摆放得井然有序。

其次，我们可以引导孩子向做事有条理的人学习。

孩子始终是孩子，很多时候大人在教导他们做事要有条理的时候，他们往往不会听取我们的意见。那么，怎样让孩子能够听进去、学进去呢？孩子最擅长的就是模仿，引导他们向做事有条理的人学习就是一个不错的方法。

在培养我儿子的"条理意识"时，我通过观察发现，儿子的同桌小环是一个做事很有条理的孩子，更巧的他还是我家的邻居。于是，我就经常邀请小环到我们家和儿子一起写作业，一起玩耍。两个孩子在一起相处得很好，每次他们一起玩完玩具之后，小环便会主动地收拾东西，将玩具放回原处。儿子看见小环的举动，也主动帮忙收拾起来。慢慢地，就算小环不在，儿子也能主动收拾自己制造的"残局"了，他的房间也变得越来越井井有条。

最后，让孩子学会作计划。

要让孩子做到做事有条有理，就需要他们在做事的时候能够提前列好计划。

比如，我们一家人要出去旅游，我就会让儿子把一天的行程简单地安排一下，什么时候出发，什么时候去吃饭，什么时候休息，什么时候回家。然后根据儿子制订的计划，我和丈夫予以评价。不合理的地方会立即指出，儿子在这一过程中，慢慢学会了如何合理地去安排一件事情。

勤奋是成功之母，懒惰乃万恶之源

暑假时，远房的表姐带着女儿莹莹来我家玩了几天。这几天里，我算是见识到了真正的"小懒虫"。在家里，莹莹除了看动画片、玩玩具之外，几乎什么事情都不做，自己的事情也总让父母操心。例如，每次吃饭时，莹莹只是坐在饭桌旁一动也不动，一会儿命令妈妈"我要吃菜，给我夹"，一会儿吆喝妈妈"给我拿馒头来"。外出游玩，莹莹明明自己不累，也常要妈妈抱。

为此，表姐常向我抱怨莹莹的懒惰。因为她本来自己既忙工作、又忙家务，已经很辛苦了，莹莹自己可以做的事情也要让她劳神劳力，确实让她吃不消。

看着莹莹如此的懒惰和表姐劳心劳力的模样，我陷入了沉思。

如今的孩子都被当成"宝贝"一样，在我们大多数的家庭里，一般不会让孩子做家务。我们对孩子的溺爱、娇纵、包办代替，逐渐导致了孩子"衣来伸手，饭来张口"的坏习惯。所以要我说，孩子的懒惰并不是天生的，而是我们自己造成的。

我经常看到这样一种现象：有的父母认为让孩子做家务劳动会影响孩子的学习，于是经常教导孩子"你只要好好学习就可以了，家里什么事情都不用你做"。孩子听到类似的话就可能会从内心贬低"劳动"的价值，父母再让他去做这些事情时，他就不会心甘情愿去做，而且还会把学习当作逃避劳动的借口。

父母的这种做法是绝对不可取的。孩子的懒惰不仅给我们增加了很多额外的身心负担，而且对孩子自己的习惯养成，对他们以后的生活、学习和工作也都是很不利的。因为懒惰，孩子锻炼照顾自己、锻炼独立生存的机会减少，生活能力、生存能力自然难以提高。因为懒惰，孩子缺少接触更多新事物和新领域的机会，不利于他们的智力、思维、创造性等潜力品质的发展。因为懒惰，孩子缺少克服困难去做事的经历和锻炼，不利于培养他们顽强的意志和独立自主性。俗话说"勤奋是成功之母，懒惰乃万恶之源"说的就是这个意思。

因此，无论我们对孩子的期望有多高，无论孩子自己的理想有多远大，如果他们懒惰，这些期望和理想都不可能实现，因为他们很难把理想付诸行动。所以，我们要培养孩子爱劳动、勤快的好习惯，帮助孩子克服懒惰。

当然，培养孩子爱劳动的好习惯并非一朝一夕的事情，所以我们要有足够的耐心。说到这里时，表姐问我："我看见你的儿子很勤快，一个男孩如此勤快，真的很难得，你是怎么做到的？"

其实，儿子也并非一开始就是一个勤快的孩子，只是他有一个很好的习惯——他自己的事情，他会认真做好，不是他的事情，他会努力做好。我在培养儿子爱劳动的习惯时，也是向很多有经验的父母讨教后，并结合儿子的个性，自己慢慢摸索出来的。

第一，对孩子的事情我们不要包办和代替。

当孩子还很小的时候，他们看到我们做什么事都很好奇，觉得很好玩，就争着去做。例如，看到妈妈扫地他也要扫，看到爸爸挪动家具他也要去干。而很多父母对孩子这些行为的反应和做法一般是——孩子小，根本什么也干不了，所以就阻止他们去做。

此外，孩子因为缺乏经验和能力，很多事情都做不好，甚至会越做越糟。我们就会认为孩子做事只会捣乱，只会给父母添麻烦、"帮倒忙"，为了自己省心、省力，就不再让孩子做事了。还有就是父母看到孩子做事很费力气，担心累坏了孩子、伤着孩子，怕孩子吃苦受罪，就几乎什么事情都不让他们做。

由于以上种种原因，很多父母就养成了对孩子的事情包办和代替的习惯，这也是孩子养成懒惰习惯的主要原因。由于我们的包办和代替，孩子从小习惯了什么事情都是父母来做，习惯了接受我们的百般照顾和疼爱，习惯了遇到难题就让我们来帮助解决。他们没有养成自己的事情自己做、自己解决难题的习惯，什么事情也不愿意自己动手去做，遇到难题也懒于去思考，懒惰也就自然形成了，他们会想反正有父母呢！

在这一方面，我做得比较好。我从来不包办和代替儿子应该承担的责任和义务。这使得儿子在三四岁时就自己洗手绢，自己洗碗，并且自己学扫地，整理小床……上中学时他自己拆洗被单、衣服……这种"自己干"的习惯使他养成了勤劳勇敢的精神，也培养了他的独立意志、决策能力及办事的迅速性和果断性。

可见，孩子勤奋的习惯是要在从小"凡事自己干"的身体力行中逐渐培养出来的。所以，要克服孩子的懒惰，我们一定要减少对他们日常事情的包办和代替，让他们自己学着去做，让他们锻炼着去做。这样，孩子独立做事的能力才能逐渐提高，也才能避免他们养成懒惰的习惯。

第二，不要轻易责备孩子。

如果孩子独立做事时，因为做得不能令父母满意而经常受到父母的责备和批评的话，那么孩子就会觉得没有成就感，逐渐失去做事的兴趣，时间久了就会变得心灰意懒。这也是孩子养成懒惰习惯的一个重要原因。

我们要以发展的眼光看待孩子，成人也不是长大后突然就能够把所有的事情都做得很完美、很熟练的。任何一种能力、一种技能都需要从不会到会、从不熟练到熟练逐渐炼成，是需要一次一次地反复实践才能提高的，而在这个过程中，犯错也是难免的。所以孩子做事犯错、做得不完美是他们必经的过程，他们会在不断实践的过程中慢慢积累经验，从而做得越来越好、越来越熟练、越来越让父母满意。

因此，在孩子没有做好某件事情时（或者在他们犯错时），我们绝对不要轻易就责备孩子，而是要帮助他们了解出错的原因以及改进的方法，鼓励他们不断总结经验、反复去实践，直至做到让自己和父母都满意为止。

第三，我们自己要以身作则。

如果我们本身懒惰、厌恶劳动、懒于思考和行动，做事时叫苦连天，孩子也容易模仿我们的这些行为，滋长懒惰的心理和习性。所以，我们要勤奋地去"做该做的事"，但不要勤奋地"做不该做的事"。简单地说，我们要努力做自己该做的事情。例如，勤奋地做好家务、努力工作、努力学习某项技能或有用的知识。而孩子自己能做的事情就让他们自己去做，自己能解决的问题就让他们自己去解决。

替孩子做他们能做的事，是对他们积极性的最大打击，因为这样会使他们失去实践的机会。你总是不放心，什么事都要插手，就等于告诉他："你不行，我不相信你。"父母一定要记住：放手，才能放心！

Chapter

4

性格好的孩子好运一辈子

比上帝富有的关键在于性格

很多成功人士都会赞同"性格决定命运"这一观点。美国前总统尼克松曾说："对一个人来说，真正重要的不是他的背景、他的肤色、他的种族或是他的宗教信仰，而是他的性格。"

"性格决定命运"这句话看起来很武断，很残酷，却有它的道理。因为，性格决定了一个人的行为方式，当他面临关键选择时，他的行为方式决定了他做出什么选择，而人生中的关键选择往往会成为命运的转折点。良好的性格，适当的行为方式，则会衍生出好的结果。所以好的性格是幸福人生的基础，培养孩子的好性格，能帮助他们创造幸福人生。

所以，我非常真诚地告诉各位父母，一定要把培养孩子的性格放在首位，掌握科学知识只是孩子教育的一个方面，好性格的培养比好成绩要重要得多。

儿子初中时和我堂姐的女儿静静是同班同学，两人的性格完全不同。造成这种不同的原因是我和堂姐对孩子的教育理念不同。我更关心儿子的性格培养，而堂姐则更重视孩子的学习成绩。

我平时非常注重锻炼儿子待人接物的能力，从不强迫儿子上任何补习班、培训班，不给他任何学业上的压力，而是让他充分参与到家庭事务中来，学会发表自己的意见。此外，我会让他自己安排自己的事情，积极参加集体活动，我给了儿子充分的自主权。慢慢地，他变成了一个自信、开朗、乐观、爱好广泛的孩子，并且结交了很多朋友。他可以和朋友一起郊游、阅读、游戏，生活得快乐而充实。

　　而堂姐非常重视孩子的成绩，总是要求静静好好读书，为她设定各种学习目标。除了上课，她还给静静报了各种补习班、辅导班，希望静静的成绩能出类拔萃。不让静静做除学习以外的任何事情，比如看影视剧，看"不合适"的课外书，和男孩子玩等。他们认为这些都会让静静分心，会影响学习。堂姐认为，只要静静成绩好，考上好大学，将来前途无量，自然会过得幸福。在这种教育思想的支配下，静静每天除了学习没有其他任何活动，也没有什么朋友。而巨大的学习压力也让她变得自卑、孤僻。

　　如今，儿子和表姐的女儿都已经上了高中。虽然他们还没有长大成人，走上社会，但从他们如今的待人接物、社交等一些行为，已经初见端倪。儿子拥有很多的朋友，拥有热情、开朗的心境，相信他做很多事情都会得心应手。而静静自卑、孤僻的性格必然会让她失去很多发展和成功的机会。

　　只是堂姐还没有意识到这一点，或者等她意识到的时候，已经为时已晚。那么，你意识到了吗——比上帝富有的关键在于性格。

自信的孩子都是最美的天使

我的小侄女欣欣今年 10 岁了，其实她长得挺漂亮的，只是因为小时候不小心把额头烫伤了，留下一个小的疤痕，让她觉得自己很丑，常常躲在屋里，不愿出去跟其他小朋友玩。

有一年，学校举行六一晚会，欣欣被选中跳一个舞蹈。欣欣高兴极了，经常在家里练习。然而，到了快上台的时候，她却不愿意跳了。当我们焦急地询问她缘由时，她说这个舞蹈要把她额头的刘海梳上去，她的疤痕就会露出来，这样大家就都知道她的额头上有一道疤了。

于是，欣欣的爸爸妈妈、我和丈夫，加上老师都开始做她的思想工作，但无论我们如何说，她就是不愿意上台，最后竟然委屈地哭了起来。最后，老师只好放弃劝说，重新调整了舞蹈的队列开始演出。

看着台上的小伙伴们翩翩起舞的样子，台下的欣欣很伤心地一直低着头不说话。看见欣欣的样子，她的妈妈着急地问我："欣欣如此自卑，可怎么办呀？"

欣欣的自卑也让我感到心疼。身为父母，我们都知道自信对于孩子的重要性。缺乏自信的人面对事情时会缺乏决断能力，难以积极地采取行动。对于孩子来说，自信是他们能够做好每一件事情的推动力。只有相信自己，他们才能够充分调动起自身的积极性和潜能，从而更有效地把事情做好。我可以毫不夸张地说，自信是孩子人生的基石，是他们健康成长过程中最重要的养分。

在现实生活中，我经常听到很多父母会抱怨孩子不够积极、不够努力、胆小怯懦，总觉得孩子身上有太多的问题和不足。但父母也许没有意识到，孩子的这些不尽如人意的行为往往与他们缺乏自信有关。因为缺乏自信，孩子就缺乏行动的动力，从而表现得不积极、不主动、胆小怯懦。

尽管自信对于孩子如此重要，但令我感到遗憾的是，如今的很多父母都将注意力集中在教孩子知识、技能上面，而忽略了对孩子自信心的培养。下面的这则小故事，是我亲眼所见的。我们不妨看看里面是否有自己的影子。

一个孩子在幼儿园得到了3颗星星，比前一天多得了1颗，而班里的其他孩子有的得到4颗，有的得到5颗。当孩子高高兴兴地向父母宣布他的成绩时，孩子的妈妈却不以为然地批评孩子说："得了3颗星星就乐成这样？看看人家，都得了5颗，你什么时候也能得5颗星星啊？"

这位妈妈没有想到孩子的进步可能会给他带来自信，却只看到了孩子只得3颗星星，而别的孩子得4颗、5颗星星这一结果，并因这一结果而批评了孩子，这是很不正确的做法。要知道，孩子能够进步对他自身而言就是成功，就是值得赞赏的。对于孩子来说，自信心比他们能够得到10颗甚至100颗星星都有价值得多。

当我把这则小故事讲给表嫂听时，她恍然大悟——原来是自己扼杀了女儿的自信心，让她变得自卑。看来，表嫂在教养欣欣时，也犯过这样的错误。意识到是自己的错误之后，表嫂问我有没有好的方法能让欣欣找回自信？

其实，我也没有一个标准的方法能够保证让欣欣成为一个自信的孩子，但还是希望我培养儿子形成自信性格的方法能够给表嫂一点借鉴。

在培养孩子自信性格时，我们可以用赏识教育的方法。我曾经在一篇报道上看到过这样一个说法：西方提倡"大拇指文化"，说的是父母会针对孩子的优点，竖起大拇指表扬；而东方则提倡"食指文化"，说的是父母喜欢挑孩子的毛病，伸出食指指责。这一说法虽然并不能以一概全，却能说明有些父母在教育孩子时缺乏对孩子的赏识教育，直接导致孩子从小就缺乏自信，让其潜能的发挥受到不同程度的压抑。

所以，我们要多看到孩子的优点，用赞赏的方式让孩子形成自信的性格。换句话说，我们要大力推行"大拇指文化"，放弃"食指文化"，多表扬孩子，少批评指责孩子。当然，我所说的"赏识教育"并不是一味地表扬。具体来说，在对孩子的赏识教育中我们要注意以下两个问题。

第一，发现孩子的可取之处，加以表扬。

因为孩子年龄小，所以依照我们的标准，也许他们做事不完善、不正确，但他们所做的总有可取之处，也许是他们做事的良好动机，也许是他们取得的一个微小进步……这一切在我们眼里也许不值一提，但对孩子来说，却是巨大的成就。我们要表扬孩子的这些成就，而不是总指责他们的不足和缺陷。

有一次我给儿子测验数学，一共 10 道应用题。儿子做完后，我发现只做对了一道题，就在那道题上画了一个大大的红勾。儿子之前对数学缺乏学习兴趣，这一次看到我在他的作业本上只是打了一个红勾，神情不禁黯淡下来，觉得自己真的不是学数学的料。他低下头，不希望看到我失望的眼神。可让他没想到的是，我却非常激动地对他说："儿子，你太了不起了！这么难的 10 道题你竟然做对一道，简直太不可思议了！我像你这么大的时候，这些题连碰都不敢碰呢！"

就这样我没有去关注儿子做错的那 9 道题，而是大大地表扬了他做对的那一道题。如果我也像其他父母一样，无视孩子做对的那一道题，而是因为做错的 9 道题而对儿子横加指责，那么，儿子原本因为错了很多题而极度挫败的心就会更加受伤，也许他会因此对数学完全失去兴趣。

第二，表扬要实事求是。

我们表扬孩子的内容须是孩子真正的可表扬之处，不能过度地表扬他们。因为过度的表扬容易让孩子形成盲目、骄傲、自大的性格，使他们不能客观地认识和评价自己，对别人的批评表现得敏感而脆弱。

有一年，一位朋友到我家做客，看到我 7 岁的儿子，就抚摸着儿子的头发夸奖他说："你这穿得也太酷了，肯定能迷倒不少小女孩。"等儿子进房间之后，我严肃地对这位朋友说："你不应该这样夸他，他穿得好看是因为我给他搭配得好，与他自己本身没有关系。你这样夸他，他会以为这是他的本事，或许以后就会格外关注自己的穿着……"

或许有人会觉得我是小题大做，其实不然，把别人的功劳加在孩子身上而表扬他们，严格地说，这是一种失实的表扬。我们对孩子的表扬一定要是他们通过自己的努力而获得的成就和进步，是他们身上真实存在的闪光之处，这样才能让他们正确地认识和评价自己，生出更真实的自豪感和自我价值感。

所以，赏识教育不是让我们对孩子的一切都进行表扬，而是要针对孩子取得的进步或做出的正确行为，给予及时、准确、真诚的表扬，这样才能对培养孩子的自信真正起到作用。

除了利用赏识教育培养孩子的自信心，我还想提醒那些像表嫂一样的家长们，不要因为孩子的缺点而过多地批评他们。不仅会伤害孩子的自尊心，而且会逐渐强化他们的缺点，更会打击孩子做事的积极性，导致他们越来越差，所以，让他们失去自信，形成自卑的性格。我们要放弃过多的批评指责，换一个角度，换一种教育方式对待孩子的不足和缺点。

俗话说，"自信的孩子都是最美的天使"，你想让你的孩子成为最美的天使吗？如果想，那就从现在开始，注意教育方法，用正确的方式帮助他们形成自信的性格。

我宁愿不要 1000 棵樱桃树，也不愿听到你撒谎

前几天下楼倒垃圾时，我碰到了邻居寒寒的妈妈。在小区的花园旁，寒寒妈妈跟我聊起了寒寒。

上个周末，寒寒告诉妈妈下午要去少年宫画画。结果邻居家的孩子下午来找寒寒玩，妈妈告诉他寒寒去少年宫了。那个孩子有些疑惑地说："星期六的下午，少年宫根本不开门。"晚上，在爸爸妈妈的再三追问下，寒寒才说出实话。原来，他和班里的几个同学相约到新建成的公园去玩了。

有一次，寒寒向妈妈要钱说是买复习资料，妈妈很痛快地把钱给了他，可是他却把钱拿去买了玩具。妈妈发现，寒寒每天下午放学后，要么看电视，要么出去和伙伴们玩，他已经很长时间没有在家里踏踏实实地写过作业了。妈妈问他原因，寒寒有时说老师没有布置作业，有时说作业已经在学校里写完了。一次考试后，妈妈问起寒寒的成绩，他明明在班里排第 14 名，却说是第 4 名。开家长会时，寒寒的妈妈知道了真相，老师还向妈妈反映了寒寒经常不交作业的情况。

最后，寒寒妈妈焦急又无奈地问我："寒寒如此爱撒谎，怎样才能改掉他这个坏毛病呢？"

听了寒寒妈妈的话，我着实为寒寒捏了一把汗。在今天这个日益复杂、充满诱惑的社会中，诚实是一个人不可或缺的性格品质。在现实生活中，我经常听到很多父母对于培养孩子诚实有着这样的一种误解——他们认为培养孩子诚实的品质就是让孩子开诚布公，有什么说什么，这样会让孩子得罪人或吃亏。不可否认

地说，诚实的品质或许在某些时候会让孩子得罪其他人或受到一些伤害。但诚实的品质会让孩子获得比别人更多的物质和精神财富，会让孩子比别人更容易成功和幸福。所以培养孩子诚实的性格，是我们教育孩子的一个重要课题。

谈到诚实，我们也许会因孩子经常说谎而感到很苦恼。例如，三四岁的幼儿会说出一些与实际情况不相符的话，这让我们感到疑惑，怎么这么小的孩子就学会说谎了呢？其实，很多情况下我们冤枉了孩子。因为，此时孩子的说谎和真正道德意义上的说谎是有区别的。这个阶段的说谎与这一阶段孩子的心理发展和年龄特点有关。

对于幼儿的说谎，父母不要一味地从道德的角度去斥责，而是要认真分析孩子说谎的原因，在保护其自尊心的同时，正确引导孩子形成诚实的品质。

如何正确引导孩子形成诚实的品质呢？我给寒寒妈妈提出了三点建议。

首先，父母与孩子之间要建立起相互信任的关系。

我曾在一本书里看到过一个故事，觉得受益匪浅。

华盛顿是美国第一任总统，他小时候非常活泼。有一天，他得到了一把新斧子，为了试试新斧子是否锋利，他就把父亲一棵心爱的樱桃树给砍了。父亲发现后，非常生气，吼道："是谁砍了我的樱桃树！"华盛顿很害怕，他想了想，最后还是走到父亲面前，面带愧疚地说："爸爸，是我砍的。"父亲问他："你承认砍了我的樱桃树，难道不怕我打你吗？"华盛顿却说："可是我说的是事实啊。"父亲听了他的话，气消了，高兴地说："孩子，我非常高兴你很诚实，我宁愿不要1000棵樱桃树，也不要听到你撒谎。"华盛顿知道父亲原谅了自己，从父亲肯定的目光中，华盛顿受到了莫大的鼓舞。正是在这样的家庭教育下，才养成了诚实的品质。

孩子爱撒谎，作为父母，我们肯定又气又急，于是千方百计地教育孩子要诚实，可是，这种教育往往不见效果，孩子仍旧撒谎。因此，我们要像华盛顿的爸爸一样，与孩子之间建立起相互信任的关系。告诉孩子，诚实能得到别人的尊重和信任，说一次谎言可以被宽恕，但如果谎言持续不断，就会失去别人的尊重和信任。

其次，我们自己要诚实。

儿子上初中的时候，希望我给他买一个平板电脑，这是因为他看到同学们都用平板电脑查资料、看电影，他非常羡慕。一个平板电脑对我来说并没有太大的负担，于是我对他说："你想让我给你买平板电脑，没有问题，但是你得答应我，这次考试要考到前三名。"儿子听了很高兴，对我说："一言为定！"

儿子对我的话深信不疑。为了得到平板电脑，他非常认真地学习，一改往常懒散的学习态度，有不懂的问题就请教老师、同学，这些变化我看在眼里，也感到非常欣慰。考试成绩出来了，儿子兴高采烈地拿着成绩单向我报喜："妈妈，我做到啦，我考到前三名了，你也要说到做到，给我买平板电脑哦。"我对儿子说："当然，妈妈绝不食言，周末就带你去买。"儿子受到了鼓励，学习越来越认真，成绩也提高得很快。

如果我食言，骗了儿子，我相信情况一定相反。我们的食言会深深地伤害孩子的心灵，他们耳濡目染也会养成撒谎的习惯。因此，我们不要轻易许诺，既然许诺了，就要做到。作为父母我们要以身作则，言而有信，才能让孩子从我们的行为中学到诚实。

最后，我们可以正确地运用一些奖惩手段。

一天下午，我接儿子放学回家。儿子笑嘻嘻地告诉我，他的数学作业不但得了 100 分，积极举手发言并回答对了一道难题，老师表扬了他。我夸奖了他："嗯，很好，表现得不错。"儿子听后美滋滋的。我接着问儿子："你今天犯错了没有？"

儿子回答说："没有。"

"真的没有？你再想想？"我继续问道。

儿子有点儿紧张了，但他还是说："没有。"

"好，那我告诉你，你上课时和同学交头接耳地说话，被罚站了。"我严肃地看着儿子说道。

儿子有些吃惊地问我："妈妈，你怎么知道？"

我瞪了他一眼，说道："因为我今天特意去了学校，想向你的班主任了解你最近的表现，是你的老师告诉我的。如果你不撒谎，主动说出来，我是不会惩罚你的。可是，我现在必须惩罚你，因为你撒谎了。你今天晚上不允许看电视。"

想要改变孩子爱撒谎的性格，我们需要让孩子知道撒谎是不会成功的，即使蒙混过关，也不过是暂时的，撒谎会受到相当严厉的惩罚。

当我把以上三点建议告诉寒寒的妈妈后，她如获至宝似的谢过我，就高兴地奔上了楼，急着去验证这些方法是否真的行之有效。看着她消失的背影，我在心里替她祈祷：但愿寒寒能够改掉爱撒谎的习惯，成为一个诚实的孩子。

做一个被狮子逼上树仍然欣赏景色的人

我曾在网上看到过这样一则触目惊心的新闻：广西一个不到 20 岁的孩子高考结束后在自己房间里上吊自杀身亡。据记者了解，这个孩子是因为高考失利才自杀的。当记者采访男孩的父母时，父母说，男孩知道自己高考没考好就一直很不开心，自杀前他长时间地独自在小区里徘徊，后来趁父母外出时，选择结束了自己年轻的生命。

看到镜头里男孩父母痛彻心扉的样子，身为妈妈的我，心里也非常难过。难过的同时，我不禁开始思考：同样是高考失利，为什么有的孩子却能把它当成一个机遇呢？

我一个同事的儿子在读高中时学习成绩中等，按照这样的成绩，如果高考发挥正常，怎么也能考个三本院校。然而可惜的是，他在考场上没有发挥好，连专科的分数都不够。在经历了近一个月的痛苦之后，他认真分析权衡了自己的各种选择——复读，明年继续考大学？读高职院校？就业？在思考选择的过程中，他了解到如今非常缺少专业技能型人才，于是毅然决然地报了一所高职院校的数控专业。在数控专业学习期间，他刻苦学习、认真钻研、勤奋实践。由于他的表现突出，他在校期间代表学校参加了数控专业的技能大赛，并获得了全国大奖。此外，他还考取了数控专业的高级技工证。还没有毕业，他就与一家知名企业签订了用工协议。由于他在单位里表现得非常出色，深受单位领导的器重。

面对同样的生活事件，有的孩子能够很好地应对，把这一事件当作一次机遇，而有的孩子却把它当作一个沉沦的理由。我认为这其中一个很重要的原因，就是性格在起作用。因高考失利而自杀的男孩性格内向、孤僻，很少与人交往，这是一种不良的性格。而同事的儿子则没有被高考的失利打倒。他善于抓住机遇，在高考失利后认真分析，做出适合自己的选择，取得了一个又一个不俗的成绩，这与他积极乐观的良好性格是分不开的。

关于积极乐观的性格，有一句名言说得非常好，这句名言的大意是：做一个被狮子逼上树仍然欣赏景色的人。

是的，作为父母，我们要做的不仅是努力让孩子远离挫折和不幸，还要培养孩子积极乐观的性格，让他们做一个被狮子逼上树仍然欣赏景色的人。这样即使在面对挫折时，他们也能够笑着应对，坦然处之。这对孩子的身心发展以及未来的成功、成才是十分有益的。

那么，具体来说，我们在培养和重塑孩子乐观性格的时候，究竟应该怎样去做呢？下面是我培养儿子积极乐观的性格时所摸索出来的方法，供大家借鉴。

首先，用自己乐观的心境去影响孩子。

孩子积极乐观性格的培养，尤其需要我们的言传身教。如果我们用积极乐观的精神面对生活中的每一件事，用赞美、欣赏的口吻和孩子交流每一件事情，那么，这种积极的心态就会感染孩子，孩子也会慢慢地变得乐观开朗。

令我感到遗憾的是，很多父母并没有意识到这一点，他们因为生活和工作的压力，时常抱怨别人或是命运，很多时候在孩子面前也是用这种抱怨和指责的口气、态度说话、行事。例如，"我整天忙着做家务，还要上班工作，累死我了，你怎么就不负点责任做做家务啊？你心里还有没有这个家啊？""我们单位的领导真不是东西，当着那么多人的面批评我，同事们也都很差劲，在领导批评我的时候还取笑我。""你这孩子怎么这么不听话？没有一个让我省心的，真是没劲……"当父母总是以这种消极悲观的态度面对生活、工作中的不顺时，这种消极的情绪和态度很容易影响到孩子，让他也会以消极悲观的心态面对生活中的一切。

如今，我经常听到很多不谙世事的小学生整天把"郁闷""没劲"挂在嘴边，这很大程度上是受父母消极悲观态度和言行的影响。

所以，为了让孩子拥有积极乐观的性格，我们要注意自己平时的言行，要用自己积极乐观的态度去告诉孩子：生活是很美好的。让他在美好的生活中体验到生命的快乐和尊严，进而去成功、成才。

其次，教会孩子以平常心对待失败。

年幼的孩子在做事时常常会遇到失败，或对事情的结果不十分满意。这种失败对孩子会产生怎样的影响，完全取决于我们面对孩子失败时所持的态度。如果我们的言行表现出来的是孩子的失败是很丢人的、让人生气的、了不得的大事，那孩子就会觉得失败难以忍受；如果我们以坦然、宽容的态度面对孩子的失败，孩子就会在失败面前学会乐观。因此，我们要教会孩子以一颗平常心来对待失败。

在儿子读小学 4 年级时，学校举办过一个大型文艺会演，所有的父母会前来观看。儿子和他的好朋友小刚被选去表演一个小品，结果因为一点失误他们俩演砸了，引得台下的师生和家长哈哈大笑。儿子和小刚都非常尴尬、难过。小刚的妈妈看到儿子走下台来，不高兴地对他说："你怎么不好好演呢？台下这么多人，丢死人了。"然后，小刚妈妈又开始数落起小刚哪个地方动作不到位，哪个地方表情有些僵硬，哪个地方台词太呆板，说得小刚很没有面子，心里也很不痛快。

而我则采取了不同的处理方式。我没有责备儿子，而是肯定了他表演得好的地方，简单地提醒他以后在哪些地方需要注意，就不再谈论这件事情了。其实，儿子也是一个喜欢表演的孩子，这一次表演失败并没有打击他的自信，反而让他更加努力地跟指导老师学习表演，并积极争取上台表演的机会，最终他的表演能力越来越出色。

　　而小刚呢，自从那次表演失误以后，我在舞台上再也没见过他。

　　在孩子失败之后，我们首先要以一颗平常心来对待，不夸大失败带来的不利结果，而是鼓励他从失败中总结经验和教训，争取下一次做得更好。这样才会培养孩子即使遭遇失败也会积极乐观地去面对的性格品质。

人性中最美的花朵——善良

我曾经在某电视节目中看到过这样一个场景：一个妈妈带着只有 4 岁的女儿去看望邻居的老爷爷。这位老爷爷刚刚失去了老伴，妈妈带着女儿去看望他时，老爷爷在伤心地哭泣。女孩的妈妈什么也有说，只是陪在老人的旁边一起落泪，小女孩看到爷爷和妈妈都默默流泪，她也流泪了。记者问小姑娘为什么掉眼泪，她说："爷爷失去了奶奶，很伤心，他需要我们陪着他哭。"

看完这个节目，我深深地被这个小女孩的善良打动了。在日常生活中，最感人的常常不是某人做出了多么大的成就，或者获得了多少财富，而是某些人善良的举动，这些善良的举动常常会给人的心灵以强大的震撼。

一边求学一边打工挣钱养活毫无血缘关系的妹妹的洪战辉；年纪轻轻就开始赡养亡妻家三位老人，并持续 30 多年的谢延信；克服重重困难，十年如一日照顾西藏残疾军人并与之结婚的军嫂吴新芬……这些人总会让我们的心里掀起阵阵波澜，因为他们都是用自己的善良征服了人心。所以，作为父母，我们一定要培养孩子善良的性格。这是人性中最美的花朵，也是孩子待人处世的法宝。

然而，对于孩子善良性格的培养，在现今这个复杂多变的商品经济社会中，引起了很多父母的质疑。很多父母担心孩子太善良会"吃亏"，所以，他们就总是打击孩子善良的行为。这些父母都有自己的经验之谈："人善被人欺，马善被人骑。"

事实上，我想说的是，善良并不是软弱的代名词。软弱是对伤害自己尊严的事情听之任之，而善良却是在尊严的基础上尽力去做于人于己都有利的事情。

我的好朋友曾经给我讲起一件让我很痛心的事情。她的女儿兰兰是一个小学生，有一次听说一位家庭很贫穷的同学把自己的零花钱弄丢了，兰兰就把父母那天给她的这一周的20元零用钱全部给了那位同学，那个同学接过钱后很感激地笑了。兰兰下午放学后，看到同学在吃香喷喷的烤肠，也感到自己的肚子空空的，但想起零花钱全部给了那个同学，就只能努力忍住美食的诱惑。兰兰很高兴，觉得自己做了一件非常有意义的事情。她的20元钱也许能帮助同学买好多东西呢。

回到家后，兰兰把这件事情对我的朋友说了，没想到朋友却骂她傻，"你这个傻孩子，怎么把自己的钱白白给了人家呢，你以为咱们家很有钱是不是？你以为你父母挣钱很容易，是不是？"遭到妈妈一顿批评的兰兰很是委屈，伤心地哭了。

在听完朋友的话后，我感到十分心疼。我心疼兰兰的善良行为却换来妈妈的指责，这会让她对善良产生疑惑，可能以后再也不会这么"善良"了。想到这里，我立刻批评了朋友，告诉她，虽然损失了20元钱，但兰兰却可以因为这一行为得到很多钱以外的东西。比如，她的价值感、成就感、别人的赞扬和认可，还会有友谊、荣誉等，这些在她的人生中远比20元钱要重要得多。作为父母，你应该为女儿的善良感到高兴，继而鼓励她，而不是从眼前利益出发，对孩子表达善心的行为横加指责，这是非常不恰当的做法。这常常会扼杀孩子可贵的爱心，也难以培养起具有善良品质的孩子。

我会采用鼓励孩子参加公益活动的方式去培养孩子善良的性格。比如帮助孤寡老人，为贫困或残疾的孩子捐书、捐物、捐款等。

在儿子上小学时，汶川发生了地震。有一次，我给他讲起了地震的故事，告诉他，灾区的很多小朋友没有房子住、没有了衣服穿、没有了水果和饼干吃。儿子听到我这么说后替那些小朋友感到很难过："妈妈，让那些小哥哥、小姐姐到我们家来住好不好？我把我的衣服给他们穿，把我的苹果和饼干给他们吃。"见儿子如此有爱心，我感到很欣慰。但我告诉儿子说，没有房子住、没有衣服穿、没有食物吃的小朋友有很多，我们不可能帮助每一个人，不过，我们可以尽我们最大的努力去帮助他们。

"这样好不好？你把你穿不了的衣服和用不了的玩具都送给那些小朋友，这样他们中有的小朋友就有衣服穿、有玩具玩了。"最后，我想出了这个让儿子表达爱心的办法。儿子同意了，他立即把自己的一些玩具拿出来，甚至连他非常喜爱的汽车也拿了出来。我让儿子把汽车留下来，因为他真的很喜欢它，但儿子说："那些小朋友没有汽车玩会不会很伤心啊？"也许儿子是觉得其他的小朋友也很喜欢汽车，虽然他很舍不得，但他还是很想把它捐给灾区的小朋友。

见儿子抱着心爱的汽车，我看出了他的为难。难得儿子有一片爱心，我就采取了一个不错的办法，"你把这个汽车捐给灾区的小朋友，然后妈妈再去给你买一个新的好不好？"听我这么一说，儿子很高兴地答应了。我也找出了儿子穿不了的一些衣服。于是，我和儿子带着一堆衣服和玩具来到了市红十字会在小区建立的收纳箱，以儿子的名义捐了出去。看到自己的衣服和玩具被装进了收纳箱，儿子很开心地笑了。

让孩子从小参与到这样的献爱心的活动中，这对培养孩子善良的品质是非常有效的。

做一个敢于上台演唱的孩子

我的侄女果果是个多才多艺的孩子——她既会唱歌，又会跳舞，还会弹琴。而且她的身体素质很好，很擅长跑步。但性格内向胆小的她总是表现得很怯懦，结果白白失去了很多表现自己的机会。

比如学校举办运动会的时候，老师建议她报名参加短跑，但她没有勇气去参赛；班里举办集体活动，老师要求同学们自告奋勇地踊跃参加，同学们都在热烈响应，只有她一个人默默地坐在座位上不参与。

尽管果果在很多方面都有天赋，但因为性格怯懦，使她错过了很多表现自己、发展自己的机会，以至于她一直被大家视为一个表现平平的孩子。

对于孩子来说，怯懦是一种消极的性格特征，它会阻碍孩子的成长与发展。比如，面对委屈不敢表达，面对伤害不敢还击，面对被误解不敢争辩，面对困难不敢克服……而且怯懦的孩子长大后在为人处世方面也会表现出退缩和畏惧，不敢争取自己的利益，不敢争取自己的发展机会，不敢面对生活的各种挑战。而这都有可能让他的生活、工作、事业、婚姻陷入困境。

导致孩子怯懦性格的原因，大多数是父母的教育出了问题。通过观察，我发现以下几种情形最容易让孩子形成怯懦的性格：

首先，过分保护孩子。

由于过度保护，孩子几乎从未吃过苦，从未受过挫折，始终生活在安全的状态之下。一旦意识到做某些事会遭遇失败、挫折或危险时，他就会受怯懦心理的影响而选择不作为，因为他没有能力和勇气去面对和承担一切不好的后果。

其次，父母过于强势或过于怯懦。

过于强势的父母会给孩子造成极大的心理压力，使他产生恐惧；本身性格怯懦的父母会在潜移默化中影响孩子，让他们形成怯懦的性格。

最后，恐吓孩子，或对孩子进行不良的心理暗示。

比如父母自己厌恶虫子，于是就对孩子说："别碰它！虫子会咬掉你的手指头。"孩子听了就会记在心上，而离虫子远远的。

那么，作为父母，我们应该如何培养孩子勇敢、大胆的性格呢？在这里，我教给大家三个行之有效的方法，这也是我在培养儿子勇敢性格的过程中摸索出来的。

第一，不要恐吓孩子。

在日常生活中，我看到最多的教育方式就是父母恐吓孩子。比如，孩子哭闹的时候，有的父母会对孩子说："你再哭，大灰狼就把你叼走了。""你再哭，妈妈（爸爸）就不要你了。"对于这样的教育方式，我是坚决反对的。恐吓孩子有时的确会让孩子收敛自己的行为，但经常如此，就会让孩子形成怯懦、胆小的性格。

儿子3岁时，有一天我要带他出去办事，可是他当时正在玩新买的玩具玩得高兴，说什么也不肯跟我出门。我怕耽误事情，就强行抱走儿子，儿子为此大哭大闹起来。过了好长时间，我被折腾得很疲劳，生气地对儿子说："你去不去？再不去，妈妈不要你了，把你一个人扔在家里不管你了。"

儿子依然哭闹不止，我便决定做做样子——假装自己出门了，那样儿子或许就会妥协，跟我一块出门了。于是，我打开防盗门走到门外，习惯性地把防盗门带上了，这时我才发现自己没有带钥匙。糟了，孩子这么小，他还不会开门，该怎么办呢？儿子发现我真的走了，就走到门边，使劲推门，可怎么也推不开，他大哭起来。我听到儿子越来越惨烈的哭声越发焦急，我一边大声安慰着儿子，一边大声招呼邻居来帮忙。左邻右舍都被惊动了，明白了怎么回事之后，大家都十分焦急，帮着想办法。儿子依然在门里恐惧地大哭不止，声音都有些沙哑了。

过了十几分钟，大家终于把防盗门弄开了。我冲进家门看到仍惊魂未定、大哭不止、涕泪横流的儿子，一下抱起了他，不停地安慰着儿子，也许是孩子受到了过度的惊吓，他不停地战栗，还尿了一裤子。

那一刻，我突然明白自己的教育方法错了。我对因自己的无知给孩子造成的伤害很愧疚，并在心里暗暗发誓，以后再也不恐吓儿子了。

如今，我的儿子已经是一个读高中的小伙子了。他可以勇敢地上台展示自己的特长，对此，我深感欣慰。如果没有那一次我对恐吓的认识，我不敢想象如今的儿子会是一个有着什么样性格的孩子。

第二，父母不可太强势。

很多时候，太强势的父母容易教出怯懦的孩子。我曾在新浪网上看到这样一句话："孩子还很弱小，在狼面前他做不了狼，只能做羊，怯懦的孩子只有在羊面前才能成为狼。"父母高高在上，而且很强势，这会使年幼的孩子心里产生恐惧。他没有能力战胜父母的强势，就只有让自己退缩，以免受到更多的伤害。

很多孩子在初中、高中、大学之前一直很"听话"、很怯懦，那是因为受到父母日积月累的"强势镇压"，但到他上了初中、高中、大学的时候就很容易表现出叛逆的一面，很多父母会认为孩子是"一夜之间"就变得如此叛逆的。其实，这是因为孩子小的时候没有能力反抗父母的强势，而等他长大了，经验丰富了，就会觉得自己有能力对抗父母了，于是就会采取叛逆的方式来对抗一直压制着他的父母。

除了一些个性很强的孩子，很多时候，过于强势的父母可能会让孩子一生都表现得很怯懦。

我的一个朋友，夫妻俩都是企业的高层领导，他们在家里时也表现得非常强势。他们给儿子起名优优，就是希望儿子长大后能够成为一个真正的男子汉。但让他们失望的是，优优在两三岁的时候就表现得比较怯懦。在和小朋友一起玩的时候，如果优优被谁推了一把、被打了一下或者被抢了玩具，他只是呆呆地站着，只会自己伤心地哭，从不还手、不争辩，也不抢回自己的玩具。

时间久了，他就不再愿意和周围的小朋友一起玩了，而是一个人站在一旁呆呆地看着他们玩。等到优优上了小学，他被同学欺负了，被老师误会了，也不会去反抗和争辩。优优越来越不喜欢表现自己，他总是一个人待在一个角落看着别人或者想自己的心事。

我的朋友对优优的这些表现非常恼火，他们觉得自己在单位里是被数百人跟从的有魄力的领导，没想到自己儿子却如此怯懦不堪。其实，朋友并不知道，优优的种种怯懦表现正是他们一手制造出来的。

在优优很小的时候，他们会用一种不容优优商量和反抗的姿态教育他。比如，优优哪天不听话了，他们就会狠狠地打他几巴掌，直打得优优大声哭叫。而朋友看到优优哭闹的样子就会狠狠地说："别哭，闭嘴！真没出息！"优优看到父母凶神恶煞般的表情，马上就会止住哭声，他怕再挨打。

不管优优想做什么，只要父母不同意，优优十有八九是做不成的。父母凶狠的表情和巴掌让他充满了恐惧，后来只要父母有一丁点不高兴的表情就会让优优恐惧万分。可以说，在强势的父母面前，优优变成了一只怯懦的"小羊"。

第三，强化事情的积极面。

据我观察，我发现很多父母常常会将自己的注意力放在事情的消极一面，在教育孩子时也是如此。比如，他们要求孩子做一些力所能及的事情时，会不停地向孩子灌输："洗碗时别打坏了碗""洗衣服别浪费水""吃饭别把饭粒掉到桌上"……

太过于强调事情的消极面常常会让孩子心生自卑。因为随着经验的增长，孩子慢慢知道了事情的消极面是父母所不喜欢的，他有时就会为了讨好父母，尽量避免事情的消极面，又因为怕事情做不好而遭到父母的指责，就会尽量避免去做这件事。而孩子这种避免做某件事的行为就容易被人认为是怯懦的表现。

我儿子读小学时，身边的很多同学都在学滑冰，他便央求我也给他买一套滑冰鞋去学习滑冰。儿子刚学习滑冰的时候，我的丈夫一直在旁提醒他："小心点，别摔着，摔着会很疼的。"当儿子真的摔倒了时，丈夫便会指责他："让你小心点呢，你不听，看，摔着了吧！"这样的指责声再加上自己摔倒在地的疼痛感，使儿子很快就对继续学滑冰心生恐惧，说什么也不敢再学滑冰了。

这就是父母太注重事情消极面导致的后果，致使孩子过于关注事情的消极面，结果消极面打击了孩子继续做事的勇气和信心，表现出想要放弃的本能反应。

当我了解了儿子不敢滑冰的真正原因后，在私底下，我对丈夫的这种教育方式提出了严厉的批评，告诉他以后再也不要在孩子面前强化事情的消极面。

随后，我告诉儿子说："刚开始学滑冰时会有点困难，不过男子汉就是要克服困难啊！如果你摔倒了，或是别人笑话你，你还能继续自己想做的事，就证明你很勇敢。"在我的激励下，儿子决定继续学习滑冰。

如今，儿子已经是一个滑冰滑得非常棒的小伙子了。更重要的是，他还是一个勇敢、坚强的孩子。

Chapter
5

现在流汗多一点，将来流泪少一点

督促孩子学习和放任孩子，哪个更残酷？

去堂哥家走亲戚时，发现堂嫂正在给儿子恒恒补习英语。恒恒正在读小学 5 年级，平时还算听话，并没有让堂哥和堂嫂操太多的心。

看见我来了，恒恒立即摆出一副可怜巴巴的样子，跟堂嫂央求："小姑好不容易来一次，我想今天多陪小姑玩一会儿，不学习了行吗？"

堂嫂看了看恒恒，说道："不行，跟小姑打完招呼就去做练习，今天的练习做完了，剩下的时间你可以自由支配。"

恒恒奶奶无奈地对堂嫂说，"你这当妈的，老是逼孩子学习，真狠心。"

看到婆婆这样说，堂嫂笑笑不说话。趁婆婆出去买菜的空当儿，堂嫂跟我说："现在的竞争这么厉害，我要是不督促恒恒好好学习，而是放任他玩耍，到时候落下的就是他自己，害的也是他自己。"接下来，堂嫂还给我讲了她大学舍友美文的故事。

在大学的时候，美文是宿舍里学习最用功的人。当宿舍里的小姐妹都在忙着谈恋爱、追电视剧、出去玩的时候，她却忙着上英语班、泡图书馆、准备考研、考博，没有一刻松懈。

后来，她成功留校任教。让表嫂深感羡慕的是，大学里一周只需要上 2 天课，其余的时间不需要待在学校，自己随意支配。而且在大学里教书，薪资待遇非常优厚，环境很轻松，压力也小。

"我真的很后悔当时没有选择考研，还觉得那时候美文天天熬夜学习真没劲，总劝她像我们一样找个稳定的工作然后结婚生子得了。"堂嫂有些遗憾，有些无奈地继续说道，"一开始我还为自己有稳定工作沾沾自喜，可是现在看来，人总是要吃苦的。年轻的时候拼搏了，奋斗了，以后就会过得自由一点，舒服一点。不断提升自己的知识储备，在任何时候，都不是一件坏事。"

对于表嫂的观念我表示赞同。生活中对于孩子的学习，不同的家长也有不同的表现。

重视孩子学习的父母基本理念相同，好成绩不仅可以让孩子考上一所好的大学，而且学习知识的过程也是提升孩子内在涵养的过程。但是那些不重视孩子学习的父母却各有自己的托词。

比如说，我的孩子不喜欢书，就喜欢玩。

比如说，我们家孩子已经够聪明的，没必要去读书。

而最常见的一个理由就是——孩子需要自由的玩耍，需要从玩中释放天性。

对于这些说辞，我不觉得奇怪，只是觉得遗憾。

奥地利作家茨威格曾写过一句话："那时候还太年轻，不知道所有命运赠送的礼物，早已在暗中标好了价格。"现实生活中，除了年龄和衰老，有什么是可以不需要努力就能够轻松获得的呢？答案是没有。每个孩子都应该拥有一个快乐的童年，但每个孩子也同样应该拥有一个灿烂的未来。而学习，就是通往这个灿烂未来的基石。

有人说，"读书不苦，不读书的人生才苦"，这句话虽然过于绝对，但不无道理。当孩子步入社会，独自面对这个世界的时候，他会发现，有太多的事情，比读书要复杂得多，也比考试要困难得多。而那些从小被父母严格督促，有毅力肯用心的孩子，往往就更容易拥有组建自己人生格局的能力，也更有可能创造美好的生活。

我的一位朋友是广州一家电子工厂的 HR，大多数时候她都在跟一线的工人打交道。遇见了很多年少时贪玩、父母又不太管束，工作后一直在后悔没用功读书的年轻人。她曾告诉我，她所在的区域工厂的招工要求都差不多，稍微带点技术含量、相对轻松一些的工作，要求最低大专以上的学历。所以那些因为各种原因早早辍学的孩子可以选择的工作机会特别少，基本都是做各类学徒，或者进服装厂、食品厂、电子类厂房从事枯燥又劳累的体力劳动。这些年轻人每天工作时间都差不多在 10 个小时以上。可是这些年轻人即便是再辛苦再努力，一个月的收入也仅仅在 3000~6000 元左右，且只有少部分人才能享有社会保险等福利。至于提拔、晋升、培训更是不用想，做几年能当上小主管就已经很不错了。

每次聊起这些年轻人的时候，朋友都会无比感慨地和我说："我当初上学的时候也偷懒，但好在父母管得比较严格，成绩没有落后太多，最终考入了一所还不错的大学。现在回想起来，如果当初没有父母的严防死守和严格督促，现在的我没准也会是流水线上一个普通的女工吧。"

命运没有什么被注定，但早出发却能抢占先机。对于绝大多数普通家庭的孩子来说，父母对他的教育越重视，孩子能考取一个好大学的可能性就越大。不可否认的是，好的大学不仅教学质量过硬、硬件条件好、社会声誉高，而且校友资源广，会在精神境界、人脉广度、社会软资源等方面上，给予孩子很多的支持，从而帮助他们在日后的职业生涯中获得更多机会，走得更远。

孩子，我为什么要你拥有一技之长？

我有一个很要好的同学名叫胡杨，她自小身体素质比较好。初中刚入学时，她就凭借优异的身体素质，被体育老师选进了校排球队，进行专业的学习和训练。

那个时候，她每个周末都要去学校练球，寒暑假也不例外。我很羡慕她，经常问她一些训练的细节，没想到她说："训练其实很枯燥的，每天都要垫球，还要跑步，更难受的是，我们还得控制饮食，教练说，不能长胖。"听了胡杨的话，我的好奇心慢慢地减少了，甚至为自己不是校排球队的成员而暗自感到庆幸。

即便训练很枯燥，胡杨依旧凭借卓越的意志力坚持了下来了。

初三那年，胡杨作为校排球队的主力选手，参加了市里的中学生排球联赛，并取得了很好的成绩。后来晋级到省赛，获得全省第四名的好成绩，还上了报纸。

胡杨因为将大多数精力都用在了练习排球上，她的文化课成绩很一般，高考后，她去了一所普通的卫校读大专。我则考到了外省的一个本科院校。

进入大学后，胡杨的一技之长让她的人生"开了挂"。她的专业是护理，一入学她就加入了学校的排球队。在普通大专里有一技之长，简直就像是偶像剧里的女主角。当别人兼职做促销员、发传单的时候，她已经成为当地体校排球队的专业陪练了，兼职所得要比其他同学多很多。

大专毕业后，胡杨进入一家医院实习，在医院里举办的部门排球赛中一举夺魁，成了医院的风云人物。因为她的排球特长使她顺利地通过了竞争激烈的实习期，转正成为一名真正的白衣天使了。没过多久，她和医院的一位年轻有为的主任医师相识相恋，缔结了美满良缘。

我跟很多人都讲过这个故事。大家在羡慕胡杨幸福生活的同时，也不禁感叹——你可以不优秀，但你一定要有一技之长。

每个人都有自己的天赋。有的人擅长音乐，有的人擅长美术，有的人擅长数学。在自己擅长的领域，人们会更容易取得优异的成绩。

爱迪生曾经说过这样一句话："天才就是 1% 的天赋加 99% 的汗水。"胡杨正是因为自己得天独厚的身体素质，加上刻苦地训练球技，最终才在种种机缘巧合下，获得了一个又一个契机。

有胡杨的故事作为先例，我深知一技之长能够对一个人起到多么重要的影响。于是，我便有意识地去培养儿子的一技之长。

儿子很喜欢弹钢琴。在他 3 岁起便开始练习钢琴，并且取得了很好的成绩。儿子的钢琴老师不止一次地告诉我，他在钢琴上很有天赋。重要的是，儿子自己也很喜欢。随着年龄的增长，儿子被越来越多的东西所吸引，这时的他认为练习钢琴是一件很辛苦的事，便不再那么积极地去练习钢琴了。为了鼓励他坚持并练就自己的一技之长，我给他讲了他的偶像周杰伦的故事。

周杰伦 3 岁的时候，就展现出了过人的音乐天赋。母亲为了培养他，毫不犹豫地取出家里所有的积蓄，给他买了一架钢琴。自此，周杰伦在钢琴旁度过了他童年的大部分时间。可他毕竟年幼，每次练琴时，一听到窗外同伴的嬉闹声，他就会弹得心不在焉。于是，他的母亲就拿着一根棍子，站在他后面，一直盯着他练完琴。

自此，钢琴一学就是 10 年，直到他国中 2 年级时父母离婚，才戛然而止。

1997 年 9 月，周杰伦参加了一档名为《超级新人王》的娱乐节目，他写了一首名为《菜谱歌》的歌曲。因为害羞，周杰伦请了一个朋友和他一起演出，朋友唱，他伴奏，但那个朋友歌手唱得很烂。时任评委的吴宗宪在日后的一次采访中说道："我从裁判的肩膀后头看了一眼乐谱，结果惊为天人。非常的复杂、做得很棒。"录完节目后，当时已经自己创立阿尔发音乐的吴宗宪，走到后台找到周杰伦，并当即决定把他签入麾下。

在故事的最后，我告诉儿子，如果周杰伦没有发展自己的特长成为大明星，现在也许只是一个沉默寡言的台北普通男子而已。

儿子听了偶像的故事后，深受启发，于是便决定继续苦练钢琴。如今，他的钢琴水平让他在学校里成为一个"小明星"。更重要的是，因为这个特长，他变得积极上进，社交能力也因此得到了提高。这些改变对于儿子的未来来说，是一笔无形的财富。

最后，愿所有的孩子能在有限的生命里，活出广阔无垠的人生，用一技之长，撬起新的世界，谱写华丽的人生篇章。

你不进步，谁会等你

前不久，我和一个多年没见的朋友相约一起吃饭。在餐桌上，朋友跟我聊起了她 11 岁的女儿玲玲。朋友向我抱怨说："玲玲如今已经读小学 5 年级了，可一点也不像那个年龄段的孩子。她特别不爱动脑筋，好像对什么事都不在乎，一点儿也没有上进心。"为此，朋友和玲玲谈了好多次，玲玲嘴上答应妈妈要改正自己的缺点，可是转身就忘记了对妈妈的承诺，仍然我行我素。

最近，玲玲的一篇作文被老师选中，准备刊登在校刊上。老师要求玲玲把作文好好誊抄一遍然后交上去。朋友知道这件事后高兴地对玲玲说："女儿，你真棒！如果你的作品能够刊登在校刊上，那么全校同学就都能读到你写的文章了，你也会因此为班级争得荣誉了。你可要认真抓住这个难得的机会，仔细抄写那篇作文啊。"可是，玲玲却没有听从妈妈的话，而是像以往一样敷衍了事，把字写得很潦草，并且错字连篇，结果作文被退了回来。

事后，朋友问玲玲："你为什么不能认真地把字写好呢？"没想到，玲玲一副无所谓的样子，回答妈妈："没登上会怎么样，登上了又会怎么样？"

玲玲不思进取的态度让朋友很伤脑筋，朋友问我："我该怎么办？怎么做才能改掉她的这个坏毛病呢？"

听了朋友的抱怨，我深表同情。同样作为妈妈，我深知孩子不思进取，即使落后了也不知道着急、努力的严重后果。在竞争如此激烈的今天，如果孩子不思进取，不知道进步，就会成为一个落后者，被时代所淘汰。套用一句很通俗的话来说，就是"你不进步，谁会等你"。

为了帮助朋友改变玲玲不思进取的学习态度，我首先帮朋友分析了一下玲玲形成不思进取性格的原因。通过朋友的讲述，我认为造成玲玲不思进取的原因主要有三点。

首先，朋友经常讽刺、挖苦、挫伤、打击玲玲的积极性，使玲玲形成"破罐子破摔"的逆反情绪；其次，朋友本身就具有不思进取的特性，很少对玲玲进行明确的指导和要求；最后，玲玲本身不能对自己做出正确的评价，不能进行自我调节、监督，缺乏相应的鼓励和支持。

针对这3个原因，我告诉朋友，如果她想让玲玲不思进取的坏毛病得到改善，就需要她时常"敲打"、鼓励玲玲去做一些合理的事情，并给予相应的方法指导，监督孩子完成任务。同时，朋友还要从自身做起，用自己积极上进的言行及对事业的进取精神来感染孩子，对孩子产生潜移默化的积极影响。

接下来，我跟朋友聊了聊我是如何培养儿子进取心的，希望对她培养玲玲的进取心有些启发。

儿子10岁左右时，对学习成绩一点也不上心。考第三名他不高兴，考第二十三名他也不知道着急。我和他谈话时，他就"嗯""啊"地敷衍应付。

一次数学考试后，我看到他的分数才刚及格，就让他多学习数学，多做一些题。没想到儿子皱着眉头说："学数学有什么用啊？真没意思，整天上学真没劲。"我对他说："数学是一门工具学科，实际应用价值很高，以后你干什么都用得着。"

儿子听了我的话不以为然地说："妈妈，我特别羡慕红十字会的工作人员能够到处去救灾赈灾，我长大以后要做红十字会的工作人员。所以，我现在学数学根本就没有用。"

我听到后，鼓励他："嗯，你想去红十字会工作的想法非常好。但是，我得告诉你，如果你想成为一名红十字会的救援人员，那么你就必须要具有临床医学本科及以上学历，并具有职业医师资格。所以，从现在开始，只要你努力学习，考上重点大学，多学一些医学知识，那么，毕业以后你就有希望成为红十字会的工作人员了。"

儿子听了我的话，眼中闪出了光芒，他高兴地问我："真的吗？"

我点了点头："当然是真的了，不信咱们去红十字会的网站看一下，看看志愿者需要什么条件，工作人员要什么条件，你就明白了。"说完，我就打开电脑，与儿子一起查询了相关的资料。

儿子看完后，自信满满地说："我要考复旦大学的临床医学专业，长大后去红十字会工作。"然后，他就走到自己的书桌前，认真开始做数学练习题。

没有进取心的孩子往往对未来没有任何憧憬，从来没有想过自己将来要做什么，要成为什么样的人。这时，我们要帮助孩子树立一个具体的理想，让孩子对未来有希望和憧憬，这样孩子才会有自己进取的目标和动力。

吃得苦中苦，方为人上人

前段时间，我在网上看到这样一则新闻：

有一个人在南京创办了一家"吃苦公司"，旨在专门培养孩子吃苦的能力。当记者询问他的创立初衷时，他告诉记者，在他打工期间，发现很多年轻人因为缺乏吃苦的能力，导致工作和生活频频受困。于是，他就想到了创办这样一个公司来为那些缺乏吃苦的孩子提供"吃苦平台"。

公司创办后不久，就有一些父母带着从小娇生惯养的孩子找上门来，要求他帮助孩子锻炼吃苦能力。甚至还有一些不能吃苦的成年人也主动找上门来，要求参加他的"吃苦训练"。就这样，他的"吃苦公司"慢慢火了，成了很多孩子和成年人锻炼自己的基地。

看完这则新闻后，我陷入了深深的思考之中。"吃苦公司"的火爆说明了一个问题——现在的人越来越认识到能吃苦的重要性。这对于众多孩子的父母也是一个有益的启示——不能吃苦的孩子会在未来的社会生活中面临重重困难和阻碍，父母一定要有意识地从小培养孩子的吃苦能力。

说到这里，很多父母可能会问我："如今的生活条件好了，我们为何还要培养孩子的吃苦能力呢？"

那是因为吃苦可以磨炼孩子的坚强意志，没有吃过苦的孩子很难去面对人生的风雨，就像始终生长在温室中的花朵，搬到室外就会枯萎一样。所以，我们要努力去培养孩子的吃苦能力，这是他们成长中的重要一课。

在这里，我把我培养儿子吃苦的方法告诉大家，希望大家可以从中有所顿悟。

第一，通过做家务培养孩子吃苦的精神。

我们可以让孩子通过做家务活来锻炼他的吃苦能力。农村的很多孩子之所以比城市的孩子更能吃苦，主要是因为农村的孩子从小就习惯于做家务和农活，而很多城市的孩子却缺少这种锻炼的机会。

在儿子很小的时候，我就要求他在学习之余要力所能及地帮助我做一些家务，如打扫房间、洗碗等，以培养他吃苦耐劳的精神。在他放暑假时，我还会特意把他带到乡下的亲戚家里，让他亲身体会农村生活的艰辛和不易。

在儿子7岁时，有一次，我得了很严重的感冒，身体虚弱得难以下床。而丈夫在外出差，无奈之下，我只能要求从未做过饭的儿子给我和他自己做一顿饭，并把如何做饭的流程详细地给他讲了一遍。儿子走进厨房后，按照步骤洗菜、择菜、切菜，煮粥，他每一步都做得很认真。但因为当时儿子才7岁，个头小、力气也小，又缺乏经验，虽然他花了很长时间才把饭菜做好，但最后做出来的饭菜味道还是很差强人意。为了鼓励他，我还是吃完了整整两碗粥。饭后，我向儿子提出了我的建议，如炒青菜时用量勺控制放盐的量，以及煮粥时多加一些水等。儿子也非常虚心地听取了我的意见。慢慢地，他做的饭越来越可口，不断地受到我和丈夫的称赞。

除了做饭，儿子也会学着去做家里其他的家务活。只要是他能做的，我都会放手让他去尝试。因为我对儿子的吃苦教育，致使他养成了吃苦耐劳的优秀品质，成了一个爱学习、爱劳动的好孩子。

第二，设置"困境"让孩子去挑战。

为了让儿子养成能吃苦、不事事依赖我和丈夫的性格，我和丈夫会在日常生活中故意设置一些"困境"，让儿子去面对。比如，我和丈夫从来不开车去学校接送儿子。儿子上小学时，我们为了培养他独立的意识，便让他自己上下学。起初的时候，我和丈夫不放心，偷偷跟在儿子后面，后来发现他完全可以自己做这件事，便随他去了。儿子读高中以后，因为路程稍远，我便让儿子骑自行车去上学。同时，我从来不会像其他家庭一样给儿子买任何他想要的贵重物品，也从不乱给儿子零花钱。对于他想要买的非必需品，他必须通过自己的劳动去换取报酬后去自行购买。这种做法不仅锻炼了孩子吃苦耐劳的精神，还培养了他独立解决问题的能力。

各位父母也可以参照我的做法，适当地给孩子设置一些困难，让他通过自己的努力去挑战困难、克服困难。

第三，减少对孩子的保护。

日常生活中，很多父母会习惯性地给予孩子过多的保护，这对于培养孩子吃苦的能力是非常不利的。

如果我们什么困难都替孩子去承担，什么委屈都替孩子去承受，总想着把弱小的孩子保护在自己的强大羽翼之下，不让他去经历风雨，那么孩子长大后又怎么会有面对挫折和失败的底气呢？

很难想象，一个从未写过字的孩子突然有一天可以写出非常漂亮的字，一个从未练习过游泳的孩子突然有一天可以游得非常好。同理，一个从未接受过吃苦练习的孩子，他长大后也不知道如何去吃苦，如何去战胜他面临的困难。所以，我们千万不要给予孩子过多的保护，让他独立去经历风雨，这才是对孩子真正的爱。

实施快乐教育还是成功教育

我的一个同事曾问过我这样一个问题："你会对孩子实施快乐教育还是成功教育呢？"

我想了想后回复她："你觉得快乐教育和成功教育冲突吗？必须二者择其一吗？"

她回复我："确实，理论上两者并不矛盾。可是现实是我们必须要在两者之间做出选择。比如，孩子贪玩不爱学习，可是为了他的将来，我必须强制性让他学习。如果实施快乐教育，他玩游戏时最快乐，难道我就要放任他玩游戏吗？"

同事的话让我无法反驳。经验告诉我，她一定是遇到了什么事情才会得出如此结论。在我的追问下，她对我说："上周考试，孩子成绩在班里排到了倒数第十，她非常生气。于是就决定强制停掉孩子的所有课余爱好，把所有精力都用来学习。但是孩子因此变得很不开心，状态也不是很好。她察觉到了孩子的不快乐，因此产生了这样的困惑。成功教育就要剥夺孩子的快乐吗？为了让孩子快乐，就要放弃成绩吗？她很矛盾。

作为父母，我们都希望自己的孩子拥有快乐的童年，但又免不了望子成龙、望女成凤的期盼。对孩子实施快乐教育还是成功教育，这是每个父母都面临的矛盾。

我的丈夫曾问我：他和儿子我更喜欢谁。我的回答是："我喜欢儿子，也喜欢你，两者无法比较。你们一个是我的丈夫，一个是我的孩子，都是我爱的人，两者并不冲突。我喜欢你，自然也会喜欢我们爱情的结晶。我喜欢儿子，自然也会喜欢他的爸爸。这两种爱是相辅相成的，并不是对立的。如果我不喜欢你，那么一定不会和你生孩子。如果我不喜欢我们的孩子，那只能证明我不够喜欢你。"

这个道理跟快乐教育和成功教育的关系是一样的。

如果我们给孩子完全的自由，让孩子自由自在地成长，按他们自己的意志来发展。孩子不想学习就可以不学，想要什么立刻就可以得到满足。那么，在这样的环境下，可能孩子一开始会感到很快乐，但是时间一长他发现其他同学都在认真学习、成长进步的时候，他还会感到快乐吗？他不会感到焦急吗？我们的孩子不是生活在玻璃罩子中，即使父母放手不管，其他的人和事也会对他造成影响。这种影响，随着孩子的长大，会越来越明显。

快乐能从成功中获得，那么追求成功，追求第一就能让孩子感到快乐吗？没有人能够这样保证。追求成功的过程如同攀登高峰，如果孩子眼中只有登顶，认为只有登顶才算成功，那么攀登过程中所有的艰苦努力，都会变为痛苦和挫折。

所以，我有一个自创的教育理念和大家分享——用快乐的方法取得最大的成功。当我把这个理念说出来时，周围的人都觉得这是不可能做到的。因为大家都想这样，但是没有人能做到。

从另一个角度来说，大家认为这个理论不可能实现，是因为还没有真的弄明白快乐教育与成功教育之间的联系。要实现快乐的成功，我们需要认识下面几个问题：

第一，我们的成功教育，方法正确吗？

在我们的印象中，让孩子感受快乐教育，就是与成功教育相悖的。其实不然。孩子当然要学习，但以什么样的心态学习，就要看家长如何去引导了。我们不能只看重孩子的学习成绩，而是要有意识地为孩子营造轻松愉快的学习氛围，多肯定鼓励孩子，让孩子发现学习的乐趣。当学习不再是痛苦的，孩子一定会爱上学习，快乐学习！

第二，我们眼中的成功是否是孩子的追求？

现在的孩子，除了正常上下学外，还要参加很多的兴趣班和课外活动。但很多家长在为孩子选择兴趣班时，丝毫不顾孩子的想法和喜好，而是完全按照自己的想法来帮孩子做主。如孩子明明喜欢画画，家长却一定要孩子学钢琴，因为家长认为弹钢琴更实用、更有前途。

孩子在父母的逼迫下做自己不喜欢的事，不仅不能感受到快乐，反而会觉得痛苦。其实，把快乐教育和成功教育对立起来，是教育观念的一大误区。

在教育儿子的过程中，我一直很在意他快不快乐，我很关心他的心理和情绪的健康。但是这并不意味着我会为了让孩子快乐，放弃对他的引导，放弃对他的管教。快乐教育不是一味纵容，成功教育也不是一味严苛，我们要掌握平衡，把握好度，让孩子在快乐中健康地成长。

Chapter 6

给孩子留足万金，不如帮孩子修一颗强大的心

跌倒了，爬起来就好

一天傍晚，我和丈夫在小区里散步，遇上了心心的妈妈。心心妈妈看到我们，就向我们说起了她上小学 5 年级的女儿。原来，前天下午，心心闷闷不乐地回到家。妈妈问她怎么了，她默不作声地从书包里拿出期末考试的成绩单。妈妈一看，是第四名。心心充满愧疚地对妈妈说："这次考砸了，才第四名。这个成绩很不理想，我真丢脸……"说着，心心便放声大哭起来。妈妈安慰她："没关系的，以后考试前好好复习，下次一定能考第一的。"

可是，心心仍然忧心忡忡，她认为自己距离第一名已经很遥远了，要想追赶上去，谈何容易？到了吃晚饭的时候，妈妈喊心心过来吃饭，她不理妈妈的呼唤，兀自坐在那掉眼泪，连饭也不想吃。

说到最后，心心妈妈担忧地说："没想到心心这么脆弱，承受不了一丁点儿的压力和挫折，这样以后她万一跌倒了，肯定就爬不起来了，可怎么办呢？"

听了心心妈妈的话，我和丈夫也开始为心心担忧起来。生活中有很多像心心一样的孩子，心理素质差、抗挫能力差。常常因为受到父母的训斥就离家出走，或是受到一点儿挫折就像天塌下来一样。说到底，就是因为孩子的内心不够强大，一旦跌倒，便再也爬不起来。

不得不说的是，在成长的道路上，每一个孩子都会跌倒，只有能自己爬起来的孩子才会走得更稳，走得更好。俗话说"给孩子留万金，不如帮孩子修一颗强大的心"。身为父母，我们要帮助孩子修炼一颗坚强、勇敢的心，而不是充当孩子的"保护神"，让孩子失去用自己的能力解决问题，从而"爬"起来的机会。

在儿子还很小的时候，我就开始对他进行这方面的训练，目的就是让他拥有一颗坚强的心，懂得跌倒了自己爬起来。在儿子学步时，我就常常鼓励他："慢慢走，跌倒了自己爬起来再走……"听到我的鼓励，儿子跌倒了也会马上爬起来继续走。为此，我的公婆经常埋怨我对孩子太苛刻。我告诉他们："这不是苛刻，这是他人生的第一步，将来在这个社会立足，全靠这一步。"

对于刚学会走路而跌倒的孩子，不同的父母会采取不一样的做法。

有些父母，尤其是我公婆那一辈人，最常见的做法就是"把孩子扶起来"。在生活中，我经常看到孩子不小心跌倒后，爷爷奶奶就迅速地跑过去把孩子抱起来，拍拍孩子身上的灰，让孩子不要哭，有的甚至还把孩子摔倒怪罪于地面或石头等。以这样的方法教育出来的孩子，当然心理素质会比较差，经不起挫折。

同样的情况，另一些父母不会立刻扶起孩子，而是会说："不要哭，自己爬起来。"以这样的方法教育出来的孩子，性格相对更坚强、独立。

孩子摔倒了并不可怕，可怕的是没有爬起来的勇气。马克思曾经说过这样一句话："人要学会走路，也得学会摔跤，而且只有经过摔跤，他才能学会走路。"所以，我们应该修炼孩子的内心，让他变得勇敢，这样他在摔倒的时候，才能从容地重新站起来，拍掉身上的尘土，继续前行。

在修炼孩子勇敢的内心方面，我是这样做的。

第一，让孩子自己面对困难和挫折。

儿子在刚上学时非常害怕困难。每次遇到困难和挫折时，他都会很沮丧、绝望。

一次数学考试时，儿子考砸了，成绩没有及格。那天下午放学后，他把试卷带回家，垂头丧气地把这件事告诉了我。我安慰他说："既然已经这样了，就应该面对现实。妈妈相信你可以找出这次失败的原因的，以后就不会在同一个地方跌倒，那么这件坏事就变成了好事，我也相信你有勇气和能力把这些做错的题目全部做对。"

听到我的鼓励，儿子信心大增，吃过晚饭后，他就开始重新做试卷上的题目。不多久，他就被一道题目难住了，很长时间都没有想出答案。于是，他拿着试卷来找我。我看了一下题目，没有直接告诉他答案，而是告诉他："这道题并不难，凭你现在掌握的知识完全可以解答出来。"无奈，儿子只好硬着头皮继续做了一遍题目。

经过儿子的努力思考，那道题终于被解了出来。通过这件事情，他也明白了一个道理——困难本身并不可怕，可怕的是一遇到困难就退缩，没有勇气去直面它。

当孩子遇到困难和挫折时，我们不是要想方设法地排除孩子的阻碍，而是应该帮助孩子寻找一个正确的应对方法，让他自己去面对挫折、解决困难。我们要让孩子明白，任何问题都有两面性，挫折和困难在给我们带来痛苦的同时也会带来契机。

第二，鼓励孩子做一些有挑战性的事情。

儿子的学习成绩很好，老师一直想让他竞选学习委员。但是，他怕自己能力不足难以胜任，会辜负了老师对他的期望，好几次都把学习委员的参选名额拱手让给了其他同学。

升入 5 年级时，班里又要竞选班干部了。我鼓励他试一试，就算没被选上也没关系。可是，儿子的顾虑很多——那么多优秀的同学都在竞争，估计入选的可能性不大，如果选不上，多没面子呀！即使选上了，万一干得不好，老师和同学们不满意，就会疏远自己……我安慰他，不用担心，选不上也无所谓，只要有人投票就足以证明自己的能力得到了同学的认可；假如选上了，只要积极努力地工作，就会得到老师的表扬和同学们的拥护。不试一试怎么能知道自己行不行呢？在我的劝说下，儿子答应参加竞选，他自己写好了演讲稿，还背了下来。

几天后，儿子告诉我他当上了班里的学习委员，我真的很替他高兴。

对于内心不够强大的孩子，我们要多鼓励他们去做一些具有挑战性的事情。

当孩子经过努力成功地完成一件事情后，他就会发现，只有勇于挑战，才能激发自己身上蕴含的巨大潜力，从而获得成功。

诚然，帮助孩子修炼一颗勇敢的心并不只有我所说的这两个方法。至于什么样的方法对你的孩子有用，这就需要你慢慢地去发现。总之，人生的旅程总是充满坎坷和困难的。要想生存下去，我们就要帮助孩子修炼"跌倒了，自己爬起来"的强大内心。这非常重要，请千万记得。

自己做的决定自己负责

在儿子刚上小学时，早上喜欢睡懒觉，每次都要我三番五次地喊才会起床。有时候，我叫他他还一副不情愿的样子，嘟囔着说："我再睡一会儿。"有一次真的起晚了，致使他上学迟到了，他很不高兴地责怪我说："都怪你，妈妈，没有按时叫我起床，害我迟到了。"

看着儿子责怪我的样子，我突然意识到哪里有些不对劲了。本来，我事无巨细地照顾儿子，把他该做的事情都帮他做了，结果却导致他对自己的很多事情缺少责任心，动不动就要求我"给他削一下铅笔""帮他系一下鞋带""给他洗一下水果"。慢慢地，儿子越来越缺乏责任心，成了依赖性很强的"寄生虫"。

想到这里，我意识到自己犯了一个很严重的错误——过分宠爱儿子，而忽视了对他责任心的培养。责任心是一个人做人、做事、立世的根本，一个具有强烈责任心的人才会认真努力地去做好自己该做的每一件事情。可以说，责任心是一个人成就一切的根本，而培养孩子的责任心是家长义不容辞的责任。

为此，我给儿子买了一个闹钟，并告诉他："起床吃饭上学是你自己的事情，我不负责。从明天开始，你自己安排起床时间，闹钟响了你要是不起来，就是到了中午12点我也不会叫你。"

最初的几天，闹钟响了以后，儿子常常会把闹钟按下去继续睡一会儿，结果有时睡过了头，我也不管他，任他迟到。由于事先约定好的，按时起床上学要儿子自己负责，这样他迟到了也不好对我说什么。

一段时间后，儿子开始自己想办法解决睡懒觉、迟到这个问题。他在房间里放了两个闹钟，并且把闹钟放在了手够不到的地方。如此一来，儿子只得乖乖起床，按下响起的闹铃。从那以后，他再也没有迟到过。

同时，为了培养儿子的责任心，我还做了以下几点努力，并由此获得了不错的效果。

首先，让儿子为自己的失误负责。

在生活中，我经常看到有些孩子做错了事情之后，父母马上会为孩子去补救。比如，吃饭洒了汤，父母就赶紧拿抹布擦干净桌子，为孩子换下洒上汤的衣服并替他洗干净；孩子因为马虎弄丢了学习用品，父母会马上花钱为他买来新的；孩子上学忘了带书本，父母会马不停蹄地送到学校……很多人认为，父母为孩子做的这些事情很正常，没什么不可以的。

但事实却是，父母的这些做法难以激起孩子的责任心，甚至会让他产生这样的心理——反正出了问题有父母呢，自己继续出问题也没有什么关系。出了问题由父母"兜着"，孩子自然难以用心地去做好相应的事情，这样怎能更好地培养他的责任心呢？

在儿子还没有培养起责任心时，一个学期会弄丢好几件校服，而他自己对此还表现出满不在乎的样子。刚开始时，儿子丢一件校服丈夫就给他买一件。后来，我制止了丈夫，不让他再给儿子买新校服了。因为我发现，儿子认为丢了校服爸爸马上就会给他买一件新的，所以，他觉得丢了也无所谓。若想让儿子通过此事吸取教训，那就要让儿子自己来处理这件事——自己去找丢了的校服，找不到第二天就不能穿校服去上学，若是因此被老师批评，就让他接受批评；他若不能忍受老师的批评，就让他自己花钱去买新的校服，若是他的零用钱不够，就让他取消自己的一个消费项目。比如，最近不去吃麦当劳了，或者少去看一场电影，以此省下钱去买新校服。

一段时间后，儿子丢校服的次数慢慢减少，直到后来再也没有丢过校服。

其次，让儿子承担必要的社会责任。

父母从小教育孩子承担起他能够承担的社会责任，是培养孩子责任心的一项重要内容。但需要注意的是，这里所说的承担社会责任并不是说要像科学家、政治家那样为社会做出巨大的贡献，年幼的孩子还达不到这个程度。孩子应该承担的社会责任是指：让孩子关心社会、爱护社会，做一些力所能及的对社会有益的事情。简单地说，就是去做他能做的、对社会有益的事情，而不去做那些对社会有害的事情。

比如，我会告诉儿子出门在外要懂得爱护公物，遵守公共秩序和公共道德，要有意识地维护社会环境，如不要随地吐痰、随地扔垃圾，坐公共汽车时要排队、在车上要为有需要的人让座，要爱护公共场所的设备设施，等等。在这样的一件件小事中，儿子就会知道哪些事情该做，哪些事情不该做，明白了哪些事情也有他的一份责任，因为这代表着一个人的道德责任心。

此外，我还鼓励儿子去做一些对社会有益的事情，比如用自己的零花钱为灾区、为贫困地区的孩子捐款献爱心，或者参加一些义务植树、志愿者活动等。

从我懂得要培养儿子的责任心开始，到如今已经近十年，这期间，我一直在不断地培养着儿子的责任心。令我感到欣慰的是，读高中的儿子如今已经是一个有着很强责任心的小小男子汉了。不管是在学校里，还是在校外的各种活动中，别人对他的评价很多都是"有担当、有责任感"。作为妈妈，我有理由相信，未来的儿子也一定会是一个对工作负责、对家庭负责的好男人。

责任有多大，世界就有多大！我希望每个孩子都能成为一个有责任感的人。

雷霆起于侧而不惊，泰山崩于前而不动

我曾在电视上看到这样一个报道：

一天，5 岁的小泽琨和 88 岁的太姥姥两人在家。太姥姥去上厕所时不小心重重地摔倒在了卫生间门口的瓷砖地面上，当即就不省人事了。听到响声后，小泽琨马上跑了出来，看着昏迷的太姥姥，他呆住了。家里没有大人，一个 5 岁的孩子，能处理这突发事件吗？

小泽琨不住地喊着"太姥姥，太姥姥"，一会儿，太姥姥从昏迷中醒来，小泽琨松了口气。太姥姥想站起来，但怎么也动不了。小泽琨看到太姥姥很痛苦，她的头对着卫生间的门，腰也横在门的滑道上。小泽琨赶紧跑回卧室，拿出枕头给太姥姥枕上，又把自己的小垫子卷起来，垫在太姥姥腰部。然后感觉到厅里也不暖和，小泽琨又赶紧拽来被子，给太姥姥盖上，尽可能地让太姥姥感到舒服一些。

接下来，小泽琨冷静地回到客厅，拿起电话先拨打了奶奶的手机，可半天没人接听！他赶紧摁断，又接着拨打爸爸的手机，占线！于是他马上又拨打了姑姑的电话，依然未被接听。小泽琨在最短的时间内，连续拨打了 3 个家人的电话，都没有被接通，他焦急地在屋里走来走去。一会儿，奶奶回拨了电话，小泽琨赶紧说："奶奶，快回来吧，太姥姥摔倒了。"

打完了电话，小泽琨就乖巧地陪在太姥姥身边，不时地安慰太姥姥："太姥姥，你不要怕，有我呢。你再等一会儿，奶奶马上就回来了。"在一个多小时的时间里，小泽琨一直守在太姥姥身边，安慰、鼓励她，还用小手轻轻拍着她。

终于，小泽琨的姑姑、奶奶、爸爸等都相继赶了回来。他们及时把老人送到了医院。医生说，老人软组织受了重伤，这么大年纪，如果不及时救治会很危险。而值得庆幸的是，因为小泽琨及时通报了家人，并给太姥姥做了一系列舒缓行为，使得太姥姥的病情得到及时治疗，并脱离了危险。

看完这个报道，我忍不住为小泽琨点赞。试想一下，如果5岁的小泽琨不能冷静地面对这次突发事件，而是慌张恐惧，那他就不可能采取给太姥姥垫枕头垫子、盖被子、给家人打电话等一系列的有效措施，那后果将不堪设想。是他的沉着、冷静为救治太姥姥赢得了时间和机会，避免了更大的危险。

对于年幼的孩子来说，时常会遇到一些突发的意外事件。只有在变化的环境、在意外的事件面前保持沉着冷静的态度，才能充分地调动孩子的智慧，从而让他们想出最佳的解决问题的办法，才能最大限度地避免突发事件的不利影响。因此，我们要在孩子年幼时积极地利用有利时机帮助孩子修炼一颗沉着、冷静的心。

要帮助孩子修炼一颗沉着、冷静的心，大家可以借鉴我的做法。

为了修炼儿子沉着、冷静的强大内心，在日常生活中，我总是抓住一切时机去引导。比如，当儿子要在大型活动中表演节目时，我就会鼓励他自信地去做，不要害怕，告诉他表演不好、做不好也没有关系，只要自己努力了就行。在面对变化和危险的时候，我会告诉儿子不要着急，要认真地想办法。同时，我还会和儿子一起做或让他独立去做一件需要耐力和心静的事情，例如画画、写字等，以锻炼他的耐力，培养他冷静的性格。

除了这几点，我认为要修炼孩子沉着、冷静的内心，父母面对变化或危机时能够做到沉着、冷静，是对孩子最好的示范。

对于年幼的孩子来说，榜样的力量是巨大的。孩子总是会从家长如何面对周围的人和事物、如何面对生活中的变化和挫折中学到经验。因此，要修炼孩子沉着、冷静的内心，家长就要努力做到遇事沉着、冷静，不把自己的消极情绪传染给孩子。

我记得北京电视台曾播放过一部纪录片，片中记录了解救一个被绑架幼儿的全过程——

在某地某社区的一家超市里，一个绑匪突然劫持了一个和妈妈一起购物的四五岁的孩子。绑匪拿刀架在孩子的脖子上，叫嚣着不让所有人靠近。孩子从没有经历过这样的场面，受到了惊吓，一直大哭不止。在警方不断和绑匪对话的时间里，孩子的妈妈一直蹲在离孩子几米远的地方。她强压住内心的恐惧和担忧，不断地安慰着孩子，微笑着、冷静地对孩子说："宝宝，别害怕。这个叔叔在和你玩大灰狼的游戏呢！等游戏结束了，叔叔就会把你放开了，你就可以到妈妈这里来了……"

妈妈的安慰让孩子逐渐冷静了下来，他没有采取激怒绑匪的举动，为成功获救争取了主动。绑匪也许是被这对母子的真情和警方的劝说感化，最终他放弃了负隅抵抗，让孩子安全地回到了妈妈身边。妈妈紧紧抱着已经脱离危险的孩子，安慰他说："好了，大灰狼的游戏结束了，我们回家吧。"

看完这个纪录片，我和丈夫久久不语，我不知道当我遇到同样的情况时，会不会也能像这位妈妈一样沉着、冷静。但我明白，在危险面前，如果这位妈妈不能保持冷静，而是把自己内心极度的焦虑和不安传递给孩子，那孩子必定会更加恐惧。也许他会采取过激的言行，大哭大闹，那样很可能会激怒绑匪，甚至会给他和周围的人带来生命危险。正是妈妈的沉着、冷静让孩子也逐渐冷静下来，避免了他因为恐惧而采取过激的行为，遏制了事情的进一步恶化。

最后，我想用一句话来结尾："雷霆起于侧而不惊，泰山崩于前而不动。"遇事沉着、冷静是孩子情感智慧成熟的重要标志之一，也是他们未来生活幸福和事业成功的一个重要条件。

不做校园暴力的啦啦队，修一颗热忱、善良的心

我最怕看到这样的孩子——冷漠、缺乏同情心，在遇到有人需要他们帮助的时候不伸出援手甚至幸灾乐祸。

有一天，我在去接儿子放学的路上，看到一个年龄稍大的男孩正在打骂一个年龄小的男孩子。旁边围了一群看热闹的孩子，他们中没有一个人出面制止打人的孩子，也没有一个人打电话告诉老师或家长。他们还不时地为大男孩呐喊助威。大男孩看到有这么多孩子支持自己，就更加来劲了。那个低年级的孩子被打倒在地，不住地求饶说："别打了，我真的没有钱！"

大男孩在周围孩子的"加油"声中不断使劲踢打那个倒在地上的小男孩，一时间，小男孩已经鼻青脸肿，倒在地上痛苦地呻吟着。幸亏我经过，阻止并赶走了大男孩和围观的孩子。我把那个倒在地上已经浑身是伤的小男孩扶起来，询问了他父母的电话，一边打电话通知了他的父母，一边把受伤的孩子送往医院。

事后回想起这件事，比起打人的孩子，更让我寒心的是周围孩子的冷漠。这些孩子怀着"围观者"的心态不断地起哄、挑唆，无疑是对恶行的纵容。我想这也是校园暴力频频发生的最根本原因吧。

不仅如此，很多孩子对待自己的父母也很冷漠。我曾经在网上看到过这样一则新闻：一个孩子的父母生病了，而孩子却像没事儿人一样自顾自地去网吧上网玩，甚至还把父母买药治病的钱也拿去上网了，完全不顾及家中生病的父母……

孩子身上的这种冷漠表现就如同长在他心里的毒瘤，不仅会给他周围的人带

来很多伤害，最终也会给他自己带来很多痛苦。所以，我们不要因为自己的教育不当而让自己千辛万苦培养出来的孩子变得冷漠又无情。

那么，应该如何帮助孩子修一颗热忱、善良的心，而非冷漠的呢？我们可以试试这样做。

第一，给孩子以关爱。

要想让孩子懂得关爱别人，我们首先得让他自己得到关爱。我很难想象一个自小缺乏家人关爱的孩子能够很好地去爱别人。给孩子以关爱，就是给他爱的源泉，这是他去爱别人的基础。一个从小生长在充满爱的环境中的孩子，绝不会成为一个感情冷漠的人。

我有一个同学，她常常跟我抱怨自己的儿子是个冷漠的人。抱怨的次数多了，我便向她询问了缘由。原来，同学的丈夫是一个公司的经理，随着丈夫的工作越来越忙，对家庭的关注度越来越少，她和丈夫经常吵架，好多次都提到了要离婚。他们都是很要强的人，在家里常常为了一点小事谁也不让谁。

虽然总是在吵架，但为了儿子能健康、快乐地成长，同学还一直辛苦地维持着婚姻表面上的平静。她错误地以为，只要给孩子一个名义上完整的家，他就不会受到太大的伤害。同学和丈夫都很努力地去讨好儿子，但他们的讨好只是基于物质上的，并没有花时间去陪伴儿子。

听完同学的叙述后，我一针见血地指出了她的问题——她的儿子之所以会冷漠，是因为缺少父母的关爱。因为长时间得不到爸爸妈妈的关爱，同学的儿子变得很自卑；再加上父母经常吵架，让他的消极情绪长久地积压在心里。所以，他形成如此冷漠的性格也就不难理解了。

最后，我告诉同学，要想改掉她儿子的冷漠性格，她必须要给孩子充分的关爱。只有精神健全、爱健全的家庭才能使孩子健康地成长。

第二，让孩子帮助别人。

爱可以在帮助别人或服务于别人的过程中得以体现。通常来说，那些喜欢帮助别人、服务于别人的孩子大多是情感丰富、心地善良的孩子，他们绝少有冷漠的表现。所以，经常让孩子去帮助别人，也是避免他产生冷漠的情绪和行为的有效方法。

我的儿子是一个富有爱心和同情心的孩子，这源于我和丈夫对他一直以来的关爱和教育。在儿子 8 岁左右的时候，有一次，他和我在外散步的时候发现一个穿着破破烂烂的流浪汉在附近走动。儿子问："妈妈，那个人为什么不回家啊？"我没有立刻回答儿子的问题，而是示意他自己解答这个问题。儿子想了一会儿，他自顾自地走向了那个流浪汉，问道："叔叔，你为什么不回家呢？你需要什么？"

流浪汉见有个可爱的孩子和自己说话，便高兴地告诉儿子："因为我没有家才不回家啊，我需要吃的。"从流浪汉的表情里，我看出流浪汉只是随口说说，他并没有想得到儿子的帮助。儿子听到流浪汉的回答后，立刻拉着我跑回了家。到家后，他跑进自己的房间，拿出他的存钱罐又拉着我向流浪汉跑去。

来到流浪汉跟前，儿子说："叔叔，这是我所有的钱，都给你，你可以用它去买一点吃的。"流浪汉很感动，他看了看我，我示意流浪汉接过存钱罐。流浪汉接过存钱罐谢过儿子，又谢过我，感激地离开了。

这时候我蹲下来问儿子："你为什么要把存钱罐给那个叔叔？"儿子回答说："叔叔没有家，他需要钱买吃的。我就把我的存钱罐给他了，你不是经常说我要有同情心、要帮助别人吗？我想妈妈会同意我这么做的。"我赞许地点了点头，摸着儿子的脑袋说："儿子，你做得很对，我们就是要尽自己的能力去帮助别人。"

一直以来，我不仅注重儿子的智力教育，而且更注重培养他乐于助人的优秀品格。正因为如此，儿子小小年纪不仅性格很好，而且很有爱心和同情心。这是身为妈妈的我感到最幸福的事儿。

让孩子接受 "残酷" 的事实

在儿子读小学时，有一天，我和丈夫带他去公园玩。公园门口有一个卖小乌龟的小摊，儿子见到小乌龟憨态可掬的模样，非常喜欢，在摊前逗留了很久，然后央求我们给他买只小乌龟回去养。为了培养孩子的爱心和观察能力，我们爽快地答应了他的要求，他自己挑了一对小乌龟和一个漂亮的玻璃缸。

自从这两只小乌龟被带回家后，其他玩具、课外书对儿子就失去了吸引力。他几乎把所有的空余时间都花在了小乌龟身上，连吃饭时都挂念着他的小乌龟。儿子最感兴趣的就是给小乌龟喂食，他可以趴在玻璃缸前一个小时都不觉得厌烦。为了享受看小乌龟进食的乐趣，儿子每天会给它们喂好多次饲料。我和丈夫提醒他说，小乌龟和人不一样，人吃饱了会停止，但它们会不停地吃，即使吃饱了也会继续吃，所以很容易撑死。儿子对我们的话不以为然。

不久后的一天，儿子放学回家后又想往常一样跑到玻璃缸前看小乌龟，过了一会儿，他很担心地跟我说："妈妈，我发现有一只小乌龟不动了，它会不会死了？"

我看着他满脸担忧的模样，安慰他说："小乌龟本来就不爱动，趴着一动不动是经常有的事，说不定你明天再看的时候，它又动了。"

儿子似乎相信了我的话，可是那一天，他一直忧心忡忡。第二天一大早，他就跑到玻璃缸前观察那只不动了的小乌龟，他有些沮丧地跟我说小乌龟还是没有动。我跟着他来到玻璃缸前，发现小乌龟已经死了，我遗憾地把这个消息告诉了他。

儿子不相信，想尽各种办法逗弄小乌龟，可是小乌龟始终一动不动。他终于确信他的小乌龟死了，立刻放声大哭起来。儿子的哭声引来了丈夫，丈夫看见已经死掉的小乌龟，非常生气地对儿子说道："我和妈妈告诉过你，小乌龟没有饥饱意识，你喂食那么多，肯定会撑死它的。你却不听，因为你的任性，害死了一条小小的生命。"

儿子听了丈夫的话，哭得更加伤心了。过了一会儿，儿子抽抽噎噎地问我们有什么办法能让小乌龟起死回生。丈夫见他哭得这么伤心，偷偷地跟我商量要不要明天再去买只差不多的给换上，然后告诉他小乌龟又"活"过来了？我阻止了他，把真相告诉了儿子——小乌龟死了就再也不会活过来了。

这句话就像捅了马蜂窝，儿子的哭声更加惊天动地，用撕心裂肺来形容都不为过。任凭我和丈夫用尽各种方法劝阻都没有效果，他一直哭到累睡着了才停。第二天，儿子的悲伤还在延续，看见玻璃缸里剩下的另一只小乌龟，他就忍不住掉眼泪。不过，这次他再也不敢给小乌龟喂很多吃食了，而是虚心地请教我们给它喂食的规律和数量。

后来，我把这件事向我的几个朋友讲起，朋友们纷纷表示我简直是个狠毒的"后妈"，居然能对自己的孩子如此狠心。如果是她们的话，一定会带着孩子再去买一只回来，以安慰孩子受伤的心灵。

事实上，儿子哭得撕心裂肺的时候，我也有一种和他一起哭的冲动。他的伤心对我来说也是一种煎熬。试问，有哪对父母看到孩子难过得大哭还能够淡然处之呢？

父母与子女血脉相连。在一个家庭里，如果孩子心情不好，父母也就无法开心，因为父母都希望看见自己的孩子无忧无虑、开开心心地生活。所以，很多父母即使知道孩子的要求有点过分，也愿意一一满足，只要孩子能够时时刻刻开心，就算再苦再累也觉得值了。

　　那么，这种想法会造成什么样的后果呢？孩子会觉得所有的东西得来得特别容易，失去了也不会觉得可惜，因为家长并没有教会他们正确的价值感，以及如何去承担责任。

　　所以，一个真正合格的父母，并非要替孩子规避一切可能承受的痛苦，更不是帮助他逃避责任，而是使孩子通过挫折获得成长的机会。比如，儿子撑死小乌龟这件事，为什么我不偷偷买一只差不多的乌龟回来替换掉，避免孩子伤心呢？

　　因为如果这样做，儿子会以为小乌龟是不会被撑死的，所以会继续不断喂食，进而撑死更多的小乌龟。这么做虽然会让孩子暂时不感到伤心，可是会对他造成更多的伤害。总有一天，他会知道事实的真相，知道自己曾经害死了那么多的小乌龟。

　　为了避免出现更大的问题，现在让儿子知道乌龟已经死了，也许他会感到难过，但是起码他知道了不能那样喂食小乌龟，以后他就不会犯同样的错误了。而在这之前，我和丈夫已经告诉过儿子小乌龟会撑死这个事实，他却没把我们的提醒当成一回事，这是他自己造成的后果，所以他只能自己承担责任。

　　很多父母都会想到为孩子再买一只小乌龟，以此来安抚孩子脆弱的内心。我认为这种做法同样不可取。因为孩子知道乌龟已经死了，再给他买一只回来。虽然他不会再撑死小乌龟了，但是他很快就会忘记已经死去的小乌龟。这样做的后果是让他避免了承受失去的痛苦。痛苦和拥有是成正比的，失去的痛苦越大，拥有的快乐就越大。正因为他没有承受过失去的痛苦，他就不会明白拥有的快乐，更不懂得去珍惜已经拥有的东西。

　　处理这件事时，我既不偷偷替换，也不再买一只回来，就是为了让儿子明白一个事实——小乌龟死了，爸爸妈妈是没有办法使它复活的，我们并非无所不能。很多父母都希望在孩子面前扮演万能的角色，而这样的角色对孩子有害无益，他们会下意识地认为无论自己闯了多大的祸，制造了多大的问题，爸爸妈妈都有办法替自己解决，所以会变得有恃无恐。让孩子知道有些结果一旦产生就无法挽回并不是一件坏事，只有知道有些失去永远都无法再度拥有，才会使孩子养成在做事情之前考虑后果的习惯。

最后，我想要说的是，让孩子接受那些"残酷"的事实，他的内心虽然会经历一段痛苦的考验，但这一过程也应属于他人生的必修课。儿子的小乌龟永远地离开了他，所以他会有伤心、哭泣、不肯吃饭等表现，这也是考验家长意志力的一个过程。很多家长一见到孩子哭就心疼，希望以自己的能力将孩子立刻从痛苦中解救出来。其实，这些下意识的做法，并不是真正意义上的爱孩子。我们只有懂得利用这些事去引导孩子，才会使他们成为一个懂得珍惜，善于承担责任，并且内心强大，能够承受痛苦的人。

在儿子的小乌龟死后半年，我又重新给他买回来一只小乌龟。现在，两只小乌龟还好好地在玻璃缸里游来游去。

如果美德可以选择，请先把宽容挑选出来吧

一天，闺蜜给我发来一大段微信，我打开一看，原来她又在为她的儿子叮叮的事所烦恼。

闺蜜的儿子叮叮今年上小学 5 年级，是个心思细腻又敏感的孩子，不会宽容别人，有时为了一点小事就与同学闹得很不愉快，他古怪的性格致使他与许多同学都合不来。一次，叮叮向同学借了一本漫画书，一下课，他就拿出书高兴地翻看起来。不巧的是，同桌站起来时一不小心把墨水瓶碰倒了，墨水正好洒到了漫画书上。同桌见状，赶紧道歉。叮叮看着脏兮兮的漫画书，对着同桌大喊大叫："啊！这本漫画书没法再看了，我要你赔我一本新的。"同桌被叮叮的反应吓了一跳，不知所措地站在那。叮叮见状，气呼呼地去了班主任的办公室，并将这件事情告诉了班主任。结果，同桌被班主任批评了一顿。

回到家后，叮叮生气地把这件事讲给了妈妈听，并且说他以后再也不想理同桌了。闺蜜严肃地告诉他："你的心眼怎么比针眼还要小呢？谁都有不小心犯错误的时候，你的同桌已经真诚地向你道歉了，也答应赔你一本新的漫画书，你还跑去告诉老师，做得太过分了。你应该原谅他，不然的话就会失去这个朋友的。"叮叮却得理不饶人："是他有错在先，我就是不要理他了。"说完，叮叮就走进自己的房间，"嘭"的一声把门关上了。

在微信的最后，闺蜜向我讨教说："叮叮心胸这么狭窄，如此难以原谅别人的过失，我不知道应该怎样去引导、教育他。"

看完闺蜜的微信，我不禁为闺蜜点赞，因为她至少已经意识到孩子不宽容、小气会影响他们人际关系的事实。很多独生子女由于父母的疏于管教，以及爷爷奶奶的娇惯，养成了凡事以自我为中心的性格特征，致使他们在与人相处时只考虑自己的感受，心胸狭窄，不懂得宽容他人。

我曾经在新浪网上看见北京师范大学教育学院与中国青少年研究中心对中小学生做过一次调查——"对于打过你、骂过你或伤害过你的人，你会原谅他吗？"对于这个问题，有29.9%的学生表示会原谅对方，有近24%的学生表示绝不原谅，剩下的学生则表示会忘记，但不会原谅。

从这个调查结果我们就可以看出，如今能够宽容他人的孩子实在太少了。而事实上，孩子的宽容心是非常珍贵的。它会帮助孩子建立良好的人际关系，为孩子将来的人生奠定基础。同时，富有宽容心的孩子大多会性情随和、为人真诚。这样的性情可以让孩子避免很多无谓的争执，从而拥有健康的心灵。

富兰克林就孩子的宽容心，曾经说过这样一句话："宽容中包含着人生的大道理，没有宽容的生活，犹如在刀锋上行走。孩子，如果美德可以选择，请先把宽容挑选出来吧！"所以，作为父母，我们要帮助孩子修炼宽容心。

如何修炼呢？我给闺蜜提出了三点建议：

首先，家长要有一颗宽容之心，不仅要用宽容的态度对待他人，也要用宽容的态度来包容自己的孩子，给孩子做好表率。我们要为孩子营造和谐、友爱、宽容的家庭氛围，家庭成员之间彼此要友爱，互相宽容，不争不抢，让孩子在潜移默化中逐步形成宽容、谦让的良好品德。

其次，引导孩子看到别人的优点。我的儿子有一个非常要好的朋友叫小磊，他们俩经常一起上下学。

一天，儿子向我抱怨："我的那本故事书被小磊借走好多天了，到现在还没有还给我。"

我对他说："别着急，咱们家还有很多书可以看，让他多看两天也没关系。再说，上次他把篮球借给你玩了好长时间呢。"儿子听后点了点头。

日常生活中，我们要尽可能地让孩子学会换位思考，多站在他人的角度看待问题。渐渐地，孩子就会懂得宽容、谅解他人是一种美德。

最后，让孩子学会善待他人。有一次，儿子放学回到家对我说："妈妈，我们班的佳丽真笨，连毽子都踢不好。今天下午踢毽子比赛时，就她踢得最少，害得我们小组输得很惨。我们小组的人再也不想理她了。"儿子的话语中明显地流露出不满和埋怨的情绪。我劝儿子要体谅佳丽，不能这样对待她。可是，儿子不听，还气呼呼地说："妈妈，我都这么生气了，你也不帮我骂骂她，替我解解气！我不会和她说话，也不会原谅她的。"

这时，我想起了去年儿子参加接力比赛时，由于紧张，在他刚接触到接力棒的边缘时，接力棒一下子从他的手中滑落了，影响了班里的成绩。但是同学们并没有责怪儿子，反而安慰他、鼓励他。

我对儿子提起了这件事，告诉他："假如当时同学们责怪你，你心里是不是很难受？"

儿子点了点头："妈妈，我懂了，我再也不埋怨佳丽了。"

我和蔼地告诉他："同学之间应该互相关心，佳丽有缺点和不足之处，但你不应该嘲笑她、瞧不起她，而应该多帮助她，是不是？"

儿子认真地回答："是的。"

第二天，儿子开始教佳丽踢毽子。而佳丽的英语很好，她也经常给儿子传授一些学习英语的技巧和经验。后来，他们成了很好的朋友。

面对那些心胸狭隘的孩子时，我们要让他们明白，善待他人，就是善待自己。平时，我们应该有意识地教孩子对别人多一点忍让与关心，这样别人也会宽容自己，体谅自己。我们要让孩子知道，假如自己粗鲁，是绝不会得到别人的友善相待的。只有宽容地对待别人，对别人多一份理解与尊重，才能获得别人的喜爱和支持，赢得更多的朋友。

天桥上的乞丐即使是骗人的，也要积极帮助

在儿子上小学 6 年级的时候，有一天傍晚，我和他的奶奶带着他去外面散步，经过天桥时遇到一个乞丐。那个乞丐看起来 40 岁左右的模样，手脚健全。当他把手伸到我们面前的时候，儿子的奶奶嘀咕了一句："年纪比我还小，手脚也健全，怎么不找个工作养活自己呢？"

不等我们反应过来，儿子已经从口袋里掏出 50 元钱放进了对方脚下的盆里。那个乞丐一愣，有些迟疑地看了我一眼，也许怕孩子做不了主，我们这些大人反悔不愿意给这么多。儿子的奶奶确实有这个意思，嘴巴动了动想说话。我忙拦住了她，微笑着向那个乞丐点了点头。对方见我首肯，连连鞠躬，又对着儿子说了好几句"谢谢"，让儿子无比开心。

回到家，我的婆婆就开始责怪我："你怎么不制止他呢？50 元也不是个小数目。那个乞丐那么年轻不通过努力工作自食其力，偏要出来乞讨。你应该告诉孩子，这是骗人的，免得这些人利用了孩子的同情心，让孩子以后老是被人骗。"

我婆婆的想法不无道理。可现在的很多情况矛盾的一点是，我们一方面过度地给孩子灌输辨别教育，另一方面又感慨孩子自私，没有爱心。曾经有个朋友对我说，以前只要看见乞丐，他就一定会给人家一点钱，可是后来渐渐地不给了，因为他听很多人说现在的乞丐都是假的，甚至还有集团操作，每个人一天要乞讨多少是有指标的。他觉得自己的同情心被利用了，给了才是傻瓜。后来再看见乞丐时，他便会漠然地走开。

在这里我想谈谈我的心得，希望能给父母们一点启示。

以篇前的故事为例，我看见那个乞丐的第一反应也是他四肢健全、年纪很轻，为何不能找个工作过正常的生活呢？可是我毕竟不是他，无法了解他的真实处境，每个人选择一种生活方式，总有他的理由。而儿子主动献出了他的爱心，这钱是他自己的零花钱，花完了我和丈夫是不会多给他的，也不会因为他做了好事而去额外奖励他，否则他奉献出来的就是我和丈夫的爱心，而不是他自己的爱心了。

如果我们告诉他献爱心要看对方的年纪和真实情况，这对还未成年的儿子而言，显然是超出了他的理解范围的。即使他接受了我们的观点，以后再遇到类似的情况时，他不会再像现在这么积极地献出爱心，而是会想这个人的年纪达到了我献爱心的标准了吗？他到底是真的还是骗人的呢？如果我献了爱心，但他是骗人的怎么办呢？如此一来，儿子便会丧失掉爱心助人的好习惯。

其实就现在社会而言，孩子一点都不缺少类似的受教机会。平时长辈们经常会说些这样的例子，报纸上、网络上、电视上也经常会出现这样的新闻。成年人经常会抱怨这个世界上骗子实在太多了，人也越来越冷漠了。其实，这两者是相对的，就是因为骗子多了，大家慢慢地开始冷漠了。当我们真的遇到需要帮助的人时，反而冷漠地走开了。

所以，我们根本不用担心在这方面对孩子教育得不够。相反，社会对孩子这方面的教育已经过度了，我们要做的不是再加一把劲，加强孩子的防骗意识，而是尽量保护孩子的纯真心灵，呵护他的这颗乐于助人的心。

我和丈夫一直很重视对儿子这方面的培养。看见路边流浪的小猫小狗时，我们会引导儿子买一些食物喂给它们；碰到学校组织捐款时，我们会支持儿子把压岁钱和零花钱捐出来。作为父母，我们希望儿子能够对每一个希望得到帮助的人献出他的爱心，也希望每一个被帮助的人都是真正需要别人帮助的，没有那么多的欺骗。我十分不主张让儿子过早的接触到社会的阴暗面，以免让他形成冷漠、多疑的个性。

曾经有一位同事向我抱怨，她孩子所在的班级里，一个月组织了 3 次捐款。第一次捐款时，她很积极地让孩子配合，可是次数多了，她就觉得烦了。捐少了，显得缺乏爱心，捐多了，她心里也不舒服。虽说学校也没有硬性规定一定要捐多少，可是其他同学都捐了 50、100 元，自己的孩子如果捐款低于这个数目，那么她该怎么面对老师和同学啊？于是，这位朋友感慨道："天天给别人捐，怎么就没人给我捐呢？"我笑着说："如果你真的需要捐款，我第一个捐给你。"

我想很多家长都有过类似的矛盾。可我认为献出一点小小的钱财，使孩子拥有一颗同情心，这是非常值得的。如果家长这样想，也许就会平和得多。就像天桥上的那个乞丐，即使他是骗人的，于我们和孩子而言，只是尽了一点自己的义务，最多就是被骗了一次同情心。如果我们冷漠地走开，也许失去的是孩子的同情心，而这种高贵的品格，是多少钱都买不来的。

我把这种想法告诉了周围的妈妈，其中有一位妈妈担心地问我："被骗点钱倒是无所谓，可一直向孩子展示好的一面，孩子太有同情心就容易受骗，毕竟年纪小，缺乏辨别是非的能力。"

我想，这才是我们真正应该担忧的事。关于这一点，我很早就和丈夫交流过。我们都希望儿子有同情心，但是绝对不希望他受到伤害，所以一直秉持着一个原则——一定要让孩子尽早地树立规则意识。

比如，有人向儿子问路，如果知道就应该告诉别人怎么走。但是如果对方要求带路，就应该联系爸爸妈妈，或者请对方让周围的大人帮忙；如果独自在家时突然有人敲门，不能立刻开门，一定要先问清楚对方是谁，想找家里哪个成员，然后打电话给爸爸妈妈进行核实；如果有陌生人送东西给他吃，爸爸妈妈不在场的话，绝对不能吃……只要把方法告诉孩子，其实孩子完全能处理这些事情，并因此树立自我保护意识。

但是要注意一点，我们只把有可能发生的事情告诉孩子，并且让他们知道，这是为了自我保护，而不是为孩子制造一种恐怖气氛，让他们觉得世界上除了爸爸妈妈以外，其他人全部都是坏人。

　　儿子的一位同学的父母就犯了这种错误。为了使孩子懂得自我保护，他们天天给孩子灌输自我保护意识——不要和陌生人说话。所以现在那个孩子的防备心理特别严重，只要有陌生人跟他说话，他就会吓得大叫起来，叫人家走开，平时则经常把自己关在家里不愿意出门。

　　起初，他的父母见孩子这样保护自己还挺开心的，一段时间后，渐渐地发现不对劲了。孩子除了家里的几个亲人，不愿意和别人接触，对班上的同学也开始戒备起来。父母忧心忡忡地带孩子求医，最后确诊孩子患上了轻微自闭症。

　　这就是一个教育过当的例子，值得引起家长们的警惕。如果家长过于草木皆兵，对于孩子的身心健康是极为不利的。

Chapter

7

长远的教育是：该给孩子能力，而不是灌输知识

给孩子一双"火眼金睛"

我曾在微博上看到这样一个故事：

有一位物理老师为了训练学生的观察能力，带了一杯苦瓜汁到教室。上课时，他让每个同学仔细观察自己的动作——他将右手的食指伸进苦瓜汁，然后再用舌头舔右手的中指，并且装出很开心的样子说："真好吃。"然后，他让每个同学模仿他刚才的动作。结果很多同学在照做后，都因舔了沾了苦瓜汁的手指而露出了十分难受的表情，只有一个同学表情很平静。因为只有这个同学细致地观察到老师在舔自己的手指时，已经悄悄地换了一根手指。

看完这个故事，我明白了观察力对于孩子的重要性。我们总是喜欢用"聪明"来夸奖孩子智商高，有头脑。"聪明"这个词分开看就是"耳聪目明"，也就是说，聪明的孩子离不开敏锐的观察力。孩子听到了新奇的声音，看到了有趣的事物，就形成了认识，进而转化成为智力。

达尔文曾说过："我既没有突出的理解力，也没有过人的机智，只是在观察那些稍纵即逝的事物并对其进行精细观察的能力上，我在众人之上。"所有的学科都离不开观察，只有通过观察才能发现问题，提出问题，最后解决问题。

不仅如此，从心理和生理的角度上来说，观察力也是很重要的。假如一个人缺乏观察力，就感觉不到生活的变化，就像是一直活在单调的生活中，犹如一潭死水没有波澜。但如果一个人观察力够强，他眼里的生活一定是丰富多彩、充满活力的。

　　在儿子上幼儿园时，我经常和他一起玩"大家来找茬"的游戏，以此来锻炼他的观察力。我买了一本儿童"找茬书"，书上每一页都有两幅看似一模一样的图片，游戏规则就是在规定的时间内找出两幅图的不同之处。一开始儿子只能找到一些明显的不同，但是细微之处看不到。我就跟他说："宝贝加油，仔细观察，你一定可以的。"后来，儿子静下心来重新观察图片，果然顺利地通过了游戏。

　　这样的游戏玩了一段时间后，儿子找到了规律，知道秘密通常藏在哪里，就算是再隐蔽的不同，他也能顺利地找出来。后来，我逐渐让他观察生活中的不同，儿子的观察能力在这一系列的过程中得以稳固提升。

　　关于培养孩子的观察力，我有以下几点心得。

　　首先，要教孩子如何观察。

　　观察前，让孩子知道观察的目的，这一点很重要。有一次，我带儿子去公园玩，他漫无目的地张望，显得很无聊。我对他说："你今天看看在公园里能发现几种小鸟？是什么颜色的？是大还是小？飞得高还是低？叫的声音洪不洪亮？晚上回去写一篇观察日记吧。"儿子听罢，果然仔细观察起公园里的鸟来。

　　在培养孩子观察意识的过程中，我们要引导孩子如何去观察。比如说在观察风景的时候，可以从近到远看，也可以从上到下看，还可以从整体到局部看。这样观察事物，既有条理，又能兼顾局部，可以从根本上提高孩子的观察能力。

　　其次，还要培养孩子的观察兴趣，保护孩子的好奇心。

　　孩子的好奇心是很旺盛的，我们应该利用这一天性多鼓励孩子观察，主动认识周围的世界。比如，我们可以带孩子到大自然中去，让他们在快乐中观察万物的变化。

　　有一年春天，我和丈夫带着儿子去野炊。到达目的地后，丈夫开始搭建帐篷，我则带着儿子去溪水边转了转。我跟他说："快看，那个石头下面有只螃蟹。"儿子的好奇心一下就被我提起来了，他看着水里不住地问："哪儿呢？哪儿呢？"我指给他看。儿子顺着我指引的方向不仅看到了螃蟹还看到了小鱼和小虾，他兴奋得手舞足蹈。回到帐篷边，儿子兴致勃勃地向丈夫讲述了刚才的所见所闻。通过这件事我发现，孩子在提升观察力的同时，也会提高他们的语言表述能力，一箭双雕。

再次，我们还要锻炼孩子善于抓住事物细节的能力。

观察不仅仅是用眼睛看，还要用心留意事物之间的关系。比如说带孩子去市场买菜的时候，可以问他："你看看公鸡和母鸡有什么区别？""草鱼和鲫鱼有什么区别？""豌豆和蚕豆有什么区别？"带孩子出去旅游时，可以问他们："我们这次来的地方和上次有什么不同？"家长的这种提问会大大促进孩子观察的积极性，并使其观察过程变得更仔细更认真。

最后，我们要尽可能地调动孩子全部的感官去观察。

我们可以调动孩子的感官来观察周围的事物。比如说颜色、外形、声音、温度、味道等。我们要让孩子看一看、听一听、摸一摸、闻一闻、尝一尝，只有亲身感受了，才能加深孩子的印象，让观察的效果更好。

想让孩子获得敏锐的观察力，让他们能够透过现象看本质，这种能力不是一天养成的。但是，只要我们坚持不懈，相信我们的孩子一定会练就一双"火眼金睛"，成为一个具有敏锐观察力的人。

让"害羞宝宝"变得乐群善交，拥有一个"好人缘"

儿子 3 岁时，有一天，我带着他到小区的小广场上玩，那里有许多孩子在玩，他们一边奔跑一边大叫。儿子远远地看着那些小伙伴快乐的样子，也很想加入到他们中间。他一手指着在玩的小伙伴，一手拉着我要走向他们，却不说话。我明白了儿子的意思，他是想和那些孩子一起去玩。我鼓励儿子："你自己去找小哥哥、小姐姐玩好不好？"儿子看起来有些害怕。以往的时候，儿子也是这样，很少会主动去找小伙伴们玩，常常是有小朋友主动过来找他的时候，他才会放心地去玩。

我继续鼓励儿子："你过去和他们玩吧，他们很喜欢你和他们一起玩的。没关系，妈妈在这看着你玩，好不好？"儿子松开了我的手，站着看了一会儿，才犹豫着走了过去。刚开始时，儿子还有些拘束，但不一会儿，儿子就和那些小朋友混熟了。

其实，像儿子这样的孩子有很多，他们或是天性害羞或是缺乏主动与人交往的勇气，总是害怕与人交往，缺乏社交力。

善于交往对一个孩子的智力发展、心理健康、身体健康、潜能发挥等各方面都有着不可忽视的作用，它可以极大地促进孩子的各项能力和素质的发展。孩子乐群善交的能力是需要从小就开始培养的，在他对自己以外的人感兴趣的时候就应该开始了。在母亲把孩子抱在怀里喂奶时，孩子就开始对母亲的微笑和声音感兴趣了，可以说这时候就是最初的交往了。而在以后的生活中，孩子会不断与别的成年人和孩子接触，父母需要在这些过程中逐步培养孩子善于交往的意识和能力，逐步培养孩子乐于交往的品质。

提到对孩子社交能力的培养，很多父母会认为这和孩子的性格有关，常常为自己的孩子性格内向不善交往而苦恼。其实人际交往也是一个社会实践的过程，通过我们的鼓励与示范，完全可以改善孩子与别人交往的方式与态度，提高他社会交往的能力，让家中的"害羞宝宝"变成乐群善交的孩子，拥有一个"好人缘"。

我堂哥的儿子宇飞5岁时，有一段时间儿子很不喜欢和他在一起玩。每次他和堂哥来我家做客时，儿子总是躲得远远的。我观察了一下，主要因为宇飞特别执拗。比如宇飞和别的小朋友在一起时，别人叫他，他也不理，总是低着头玩自己的。如果别人走近他，他就会冷不丁伸出手打别人一拳。身材比别的孩子高大的宇飞常常会用力过猛，把别的小朋友打哭或把对方推倒在地。为此，有很多家长向我的堂哥告状，而宇飞自己有时也向堂嫂哭诉："小朋友为什么不喜欢和我一起玩呢？"

当我意识到这一点后，我立刻告诉堂哥堂嫂，宇飞执拗、霸道的性格已经让别的孩子疏远他了，这对培养他的社交能力是很不利的。于是，堂哥和堂嫂在我的建议下努力帮助宇飞改善他的不良性格，并培养他的社交能力。

首先，一定要严格要求宇飞不能动手打小朋友。告诉他如果他总是无缘无故打人，别人就不愿意再和他玩了。也许宇飞真的尝到了被别人孤立的痛苦滋味，每次他要打小朋友时，堂嫂就会在旁边说："你这样，小朋友就会不喜欢你，不愿意和你玩了。"宇飞听到妈妈这句话后就会立即停止打人，友好地拉起对方的手。

果然，经过堂哥堂嫂和宇飞一段时间的共同努力，宇飞执拗、霸道的性格和打人的行为越来越少，他在和别的孩子交往的过程中表现得越来越友好，别的小朋友也越来越喜欢和他一起玩了。

好的性格非常有助于一个人建立良好的人际关系。所以，我们要努力帮助孩子培养好性格、改善不良性格，让他用好性格赢得好人缘。

除了性格，一个孩子只有真正喜欢交往并积极参与交往实践，才会发展出良好的人际交往技能。很多孩子并非天生不喜欢与人交往，他们大多都是从小在与人交往的过程中有了很多失败的体验，经历了与人交往的不愉快才导致他们不再喜欢与人交往。所以，我们要努力让孩子在与别人的交往中体验到快乐，孩子就会越来越喜欢与人交往。

在儿子 1 岁左右时，一见到陌生人就会非常不安，会害怕地转过头把脸藏到我的怀里，一副很害羞的样子。我知道这是因为儿子刚出生那会儿见到一位"陌生人"时留给了他不好的记忆而导致的。那位"陌生人"是我老家的一位亲戚，长得五大三粗、黑脸膛、一头乱蓬蓬的头发，当时他刚见到只有 8 个月的儿子就凑到他跟前，用布满皱纹的手摸了摸他的小脸，然后咧开了大嘴，粗声大嗓地逗引儿子："快叫伯伯。"儿子当即就吓得大哭不止。以后，儿子再见到高大、长相粗犷的男人时就会表现得很恐惧，直至后来见到其他陌生的女人和孩子也会表现得很恐惧。

儿子就是因为在他最初的人际交往中，"陌生人"从听觉、视觉、触觉各方面都给他留下了不好的记忆，让他在以后的交往中也担心再次遇到这种不好的感觉，因而不喜欢与陌生人交往。

为此，我决定在孩子对交往产生不好的体验时及时帮助他消除这种负面情绪，努力让他在交往中体验到乐趣。于是，我为儿子做出榜样，很快乐地和别的大人或孩子一起玩或交流，儿子也就模仿我的行为去和别人一起玩或交流。我还经常带儿子与好脾气、喜欢交往的大人和孩子进行交往，鼓励他与别的孩子分享玩具，和陌生人一起玩，在儿子做得比较好的时候，我会及时鼓励儿子的行为，让他体验到与人交往中会有很多快乐。这样，慢慢地，儿子就越来越喜欢与人交往了。

最后，孩子是否乐于交往、善于交往与我们的言行对他的影响和我们对他的教育方式有着很大的关系。如果我们父母本身不善于与人交往，缺乏与人交往的技巧方法，孩子通常也不会懂得如何与人交往。

所以，我们也需要不断学习与人交往的技巧和方法，不断改善自己的性格，不断改善自己的人际关系，给孩子做出良好的榜样。

有创造力的孩子，才有更广阔的未来

儿子上小学时，有一天，他的几个小伙伴到我家来玩，我给他们每个人发了一盒冰淇淋。孩子们吃完后，都把盒子扔掉了，只有木林还在观察着手里的冰淇淋盒，他扬着手里的冰淇淋盒对我说："阿姨你看，这个盒子可以做成一艘船啊。"

"怎么可以做成一艘船呢？"我问木林。

"你看这是船体，再做一个帆粘在盒子上不就像一艘船了吗？"木林说。

我赞许地点点头说："好啊，那你去把盒子洗干净，和小朋友们一起来做一艘船好吗？"

很快，木林就把盒子洗干净了，我拿来剪刀、胶水和卡纸，小朋友们马上围过来，大家一起开始了"冰淇淋盒子改造"。做的过程中，儿子对我说："妈妈，冰淇淋盒子还可以做成一个炒菜锅。"还有的小朋友说："还能做成花盆呢！"我说："那我多拿些盒子来，大家做成自己想做的东西，好吗？"

过了没多久，孩子们就把做好的东西摆在了桌子上，都仰着头，充满期待地看着我。我表扬了他们每个人，并告诉孩子们："平时只要多动脑筋，发挥你们的创造力，每一件物品都可以变成艺术品。"

孩子们拥有天马行空的想象力，时不时会冒出一些奇怪的想法，这是孩子们具有创造力的体现。在培养儿子创造力的问题上，我做出了以下几种尝试，与大家分享一下。

第一，提高孩子的动手能力。

因为我丈夫平时喜欢修理电器、改造电器，所以我们家专门开辟了一个小操作间。儿子很喜欢和丈夫在操作间里玩，他们在里面做了很多"宝贝"，比如一个用旧书桌改造成的小书柜，儿子现在还在用。他们还一起把儿子小时候睡过的小床，改造成了一张小桌子。儿子一点都不觉得做这些事情很累、很麻烦，反而经常跟丈夫说："爸爸，我们下次把 ×× 做成 ×× 吧！"通过这件事我发现，儿子在提升动手能力的同时也提升了他的想象力和创造力。

第二，鼓励孩子尝试右脑型文艺活动。

在教育孩子的过程中，大部分父母都会走进艺术培养的误区。有的人认为文艺活动就是唱歌、跳舞、画画。其实文艺活动涵盖面非常广，比如做手工、学习演奏乐器等，这些活动都算文艺活动。

还有的父母喜欢在艺术类别上限制孩子，如让孩子学钢琴而不是弹古筝，让孩子学素描而不是水彩。其实我们干涉太多，反而会降低孩子对艺术的兴趣，也就达不到锻炼孩子右脑的目的了。

第三，不要批评孩子的创意。

假如我们在生活中给孩子设立了太多条条框框，比如说应该穿这件衣服，或者系鞋带应该那样系，那么孩子就会省去自己思考的过程，而养成按照我们的方式去做事情的习惯。这样的孩子，能有多大的创造力呢？

越"规矩"越没有创造力，越"老实"越没有思考力。孩子在进行一件有创造力的事情时，我们应该给予孩子足够的发挥空间，让孩子的想象力在天空中自由翱翔。

如果说孩子的创意是一朵花，那么我们就是护花人，我们的赞赏和陪伴才能让孩子的创意之花开得长久，开得芬芳。

不但要懂得吃鱼，更知道如何钓鱼

有一天，我去一个朋友家做客。一进门，朋友的女儿就拿出她新买的一张 CD 跟我说："阿姨你看，这是我最喜欢的偶像出的新专辑，我存了好久的钱才买到的，来之不易啊！"看到她陶醉的表情，我笑出了声，我问她："那你买 CD 的钱是哪儿来的？"她说："一部分是零花钱，还有一部分是压岁钱。"

"嗯，你知道自己存钱买喜欢的东西，这一点做得非常好，阿姨要表扬你。"我对朋友的女儿说道。

接下来，我和朋友就孩子的"财商能力"进行了一番探讨。如今，大部分家长都开始重视孩子的财商教育。什么是财商呢？简单地说，就是一个人对待金钱的态度和管理金钱的智慧。包括正确认识财富和管理财富的能力。从小培养孩子的财商，能帮他们树立正确的金钱观。

在对孩子进行财商能力教育的过程中，我们绝大多数的父母有一个误区，认为家长帮助孩子掌管钱，当孩子有什么东西要买的时候可以直接向家长索要。这样一来，就可以知道孩子的钱都花在了什么地方，也不用担心孩子肆意挥霍钱财了。对于这样的做法，我可以很肯定地说这是错误的——孩子认识不到金钱的重要性，觉得想买什么问家长要就行了，缺乏金钱使用的基本规划意识。

俗话说"授人以鱼不如授人以渔"，我们培养孩子的财商能力，不是要替孩子掌管钱财，而是要教会孩子正确的规划和使用金钱的方法。

我就非常重视培养儿子的财商能力，为此还专门制订一个财商教育的"三步走"方法。

我研究出来的财商教育"三步走"的方法具体是这样的：

第一步，培养孩子认识金钱和掌握金钱的能力。

儿子上小学之后，每年我都会从儿子收到的压岁钱中拿出一部分交给他，让儿子自己去安排使用。我没有对这笔钱的具体用途提出要求，而是让他自由支配。比如同学过生日，他可以用这笔钱买礼物送给同学；或者买自己喜欢的衣服、玩具、书本、零食等。儿子使用这笔钱时，我和他爸爸绝不干涉，但是如果他挥霍完了，我们也不会给他补贴。

儿子刚得到这笔钱时，十分兴奋，因为他第一次有了一大笔可以自行支配的钱，想买心仪的东西时再也不用向我们要钱了，他对这种经济自由感到很新鲜。他很快给自己买了一件新衣服，给爷爷奶奶买了礼物，还请小伙伴们吃了冰淇淋。没过多久这笔钱就花完了。再看到喜欢的东西时，就买不了了，他只能再努力存钱。通过这件事儿子认识到金钱需要长期的规划，他开始学着规划自己的零花钱，并学会了有选择性地购物。

相信大多数孩子每年都会收到一笔压岁钱，这些压岁钱要么是家长替孩子掌管，要么是家长以孩子的名字开户存在银行。很多父母认为以孩子的名义存钱，就是让孩子拥有自己的财富，就是培养孩子的理财能力。可实际上这些钱最终还是由家长掌管，对培养孩子财商没有任何帮助。

我们想要培养孩子的财商，让孩子具有合理支配钱财的能力，首先要教会孩子学会认识和掌握金钱。假如我们一直不放手，让孩子自己掌握金钱，那么培养孩子的财商永远只能是纸上谈兵。

第二步，培养孩子的赚钱能力。

从儿子上小学开始，我每周都会给他一笔固定的零花钱。儿子戏称那是他的"工资"。有时儿子看上的东西，一周的零花钱买不起，那么他就把每周得到的钱存起来。尽管存得很辛苦，但为了自己喜欢的东西，孩子乐在其中，并且能够坚持下来。

有时候，我看儿子存钱十分辛苦，就问他："你有没有什么办法能够快点买到你喜欢的宝贝呢？"儿子开心地问我："妈妈你要多给我零花钱吗？"

我当然不会直接给他涨零花钱，而是侧面引导他可以把一些闲置物品进行二次销售，如看过不想再看的书和已经不想再玩的玩具等。儿子觉得我的建议很不错。他决定在班级里举办一场"拍卖大会"，让每个同学都参与进来。第二天他就去找了老师说了自己的想法，没想到老师也很赞同这个想法。于是在班主任老师的组织下，儿子的班级举办了一次"跳蚤市场"活动。

这次活动非常成功，家长们也十分配合。儿子在这次活动中赚到了300元钱。要不是亲眼看到他定价、砍价，我从来不知道原来他这么会做生意。儿子用自己拍卖赚到的钱买下了他心仪的宝贝，美滋滋的。

通过这件事我意识到，如果我们不放手让孩子去尝试，就永远都不知道孩子的潜力有多大。

第三步，让孩子了解一些理财知识，树立正确的财富观念。

儿子上初中后，我和丈夫开始告诉他储蓄的概念——把钱存入银行，可以得到利息；如果买基金、股票也会有收益，但是会有涨跌，需要承担相应的风险。很多父母担心，给孩子灌输这样的理念会让孩子变得爱投机，成为一个"小财迷"。其实，只要父母具有正确的财富观，就会给孩子以正面的引导。因为父母是孩子最好的榜样，父母对金钱的态度一定程度上会影响到孩子，所以作为父母要时刻反思自己的言行。

我们对孩子进行财商教育，是要帮助孩子树立健康的财富观，正确认识人与金钱的关系，克服对金钱的恐惧和贪婪，避免成为金钱的奴隶。受到社会环境和传统文化的影响，有些人认为让孩子过早地接触金钱是不好的，怕孩子对金钱看得过重，变得唯利是图。其实，我们的这种担忧是多余的。父母从小培养孩子树立正确的金钱意识，能使孩子形成正确的财富观。孩子在小的时候，对事物的认知正在逐渐形成。这个阶段接受的财商教育，将会对他的一生产生重要的影响。

父母对孩子进行财商教育是为了教会孩子正确看待金钱，以及基本的理财技能。孩子未来要在社会中生存，这种教育就是不能缺失的。因为它能帮助孩子解决以后人生中所面临的一系列金钱问题，从而让孩子在金钱和财富中把握住自己的人生。

决策力：放手让孩子自己出谋划策

在生活中，我们总是能见到这样的场景：

"你以后不要老和小明玩，在一起就知道打打闹闹，要多和你们班上的雷雷玩，多向他学习，在一起多谈谈学习。"孩子和谁一起玩，父母要干涉。

"儿子，明天穿的衣服妈妈给你找出来放在床头了，明天你就穿那件。"孩子穿什么衣服，父母要干涉。

"下学期把画画班停了吧，我看你上了几学期也没什么作用。报个英语班吧，你的英语要好好补习一下。"孩子的兴趣爱好，父母要干涉。

……

在这样的环境下成长起来的孩子每天都在执行家长的命令，不能有自己的想法，不能选择自己的喜好，过被安排好的生活，在集体中也总是沉默的那一个，不喜欢发表自己的意见和想法，也没有什么主见。这样的孩子，让他做出决策简直难如登天。所以说孩子长大后的优柔寡断，很大一部分原因是出在父母教育方法不当上。

我曾经听过这样一句管理学名言———一个错误的决策，一百个行动也无法挽救。这句话说明了决策的重要性，以及错误的决策会造成多么严重的后果。一个人的领导级别越高，那么他的决策就越重要。

所以，培养孩子的决策力也是我们为孩子未来考虑的重要部分之一。培养孩子的决策力，核心是培养孩子的独立自主意识。我们要用生活中的小事来培养孩子独立自主的意识，给孩子一定范围内的自主权，让孩子从做决定中体会到满足感和自信。把小事交给孩子来做决定，不仅是尊重孩子的表现，更是对他决策能力的锻炼。

培养孩子的决策力，我们可以从以下几点入手。

首先，引导孩子将目光放得更长远。

拿学习来说，我从来不会把目光一直盯在儿子的学习成绩排名上，我更关注孩子的学习习惯和学习方法。因为我认为良好的学习习惯是成功的一半，只有拥有了良好的学习习惯，孩子的学习成绩才能得到稳固提高。

孩子在求学阶段时，如果家长每天盯着孩子的分数和排名，等他步入社会工作后，又会盯着孩子的薪资和职位的高低。久而久之，在家长的压力和影响下，孩子也会一味地去追求眼前的利益和财富，甚至不惜一切代价，不择手段地去追求，甚至会走上歪路。

我的一个朋友就是这样。在学生时代，他的成绩和表现都非常优秀，因为父母从小就给他灌输"只有成绩好才能出人头地"的观念。参加工作后，他的母亲为了他能得到领导的提拔，便逼迫儿子和交往好几年的对象分手，并与领导的女儿结婚。婚后，朋友自然很快得到提拔，然而就在这位朋友事业蒸蒸日上的时候，他却因为贪污公款而锒铛入狱。原来，他手中的权力大了，又缺乏正确的认知和决策能力，禁不住诱惑，最终酿成大祸。

这位朋友有这样的结局，跟他父母的教育和影响脱不开关系。因为从小被教育"力争上游"，所以他把"向上爬"看得比什么都重要。甚至为了达到目的不择手段。

所以，家长在培养孩子的决策力时，一定要教给孩子正确的决策标准，引导孩子将目光放长远，这样才能做出正确的决策。

家长要让孩子学着做决策，除了让他们放手去做，更要让他们把目光放长远。看得更多、更远才能做出正确的决策。只有拥有健康的人生观、价值观，孩子才能做好人生的每一次选择。

其次，让孩子站得更高，学会把握全局，培养战略战术思维。

有的孩子并不缺做决策的果断和胆量，他们缺乏的是判断力。如果我们能教会孩子在更高的角度上把握全局，孩子就能学会面对问题时如何做出更正确和全面的决策。

为了锻炼儿子从全局出发做决策的能力，我决定让儿子体验一次"当家"的感觉。以往，他只需要安排好自己一个人的零花钱，那次我把全家一个月的生活费给了他，让他利用暑期一个月的时间好好地"当家做主"一次。

全家一个月的生活费，包括买菜钱、活动经费、购买生活用品的钱、水电费和机动资金。儿子刚拿到这笔"巨款"时很兴奋，可是没过多久他就犯了难，因为他从没买过菜。于是，在儿子"当家"的第一天我带他去了菜场，然后转身回家了。我和丈夫在家等了一会儿，儿子就回来了。他买了一大堆自己喜欢的菜，高兴地对我说："妈妈！快做饭吧！"

我说："嗯，买了很多菜，可是没有我和你爸爸爱吃的。而且也没有调料哦！"儿子听了我的话，惊讶地张大了嘴巴。

他爸爸说："你妈妈每次买菜都会考虑你想吃什么，你也要照顾我和你妈妈想吃什么呀！"

儿子没有想到，光买菜这件小事就要考虑到家人爱吃什么，还有如何搭配菜和调料等问题，比他想象的麻烦多了。后来儿子吸取了教训，会在买菜前询问我和丈夫想吃什么菜，以及某个菜里需要哪几种材料。儿子"当家"当得兴致勃勃，还安排了一次周末家庭出游活动，请我和他爸爸吃饭看电影。儿子问我："妈妈，你有没有觉得最近咱们家的生活质量提高了？"我笑着说："是啊，你最近买的菜都很好哦！不过要注意控制支出哦！"儿子不以为然。

很快大半个月过去了，儿子突然找到我，说："妈妈，钱好像不太够了。你给了我一个月的钱，已经只剩1/3了。你能再补给我一些吗？"我拒绝了他的提议，而是让他自己想办法去解决。

儿子的解决办法就是——接下来的一段时间，我们家过起了每天青菜豆腐的日子。

一个月终于过去了，儿子在第二个月的头一天就迫不及待地把"当家"大权还给了我。他说："一个月终于过去了，不想再吃青菜了，妈妈今天买点好菜吧！"

我笑着问他："你觉得当家是一件简单的事情吗？"儿子说："一点也不简单！"

通过这一个月的当家经历，儿子明白了全面考虑问题的重要性。孩子没有当过家，第一次当家时，难免会出现考虑问题、做选择的时候不全面的情况。如果我们不给他机会，他就没有实践经验，始终不懂如何考虑全局。我让儿子当家一个月，就是让他知道生活中处处需要决策，而他要学习和掌握的东西还有很多。

合作力：先合亲友，后合社会

我在网上读到一篇报道，里面介绍了日本明星幼儿园的入学测试。他们通过多个游戏来对孩子进行测试。其中有一个游戏我觉得很有意思——老师在房间里摆上一张小圆桌，这个小圆桌的大小刚好可以围着站 10 个孩子，小圆桌的重量也不重，5 个孩子就能抬起来。老师每次会让 10 个孩子进入房间，然后请他们帮老师把桌子搬到隔壁去。当孩子们开始搬桌子时，有的孩子很积极，有的则站在一旁不动手。这时老师就会记下全程不参与搬桌子的孩子的编号，随即这个孩子会被带出房间，并被告知入园测试没有通过。

而没通过的原因是，孩子的合作能力还需要提高。老师会建议家长将孩子带回去后专门锻炼和培养这方面的能力。

日本人非常重视团队精神和合作能力。他们在孩子小的时候就对其灌输"合作才能成功"的观念。小圆桌游戏只是一个形式，也许第二年的入园测试就不是这个游戏了。但是，只要孩子记住了团队合作的精神，融入团队中，懂得与他人协作，才能顺利地完成入园测试。

可见孩子的团队意识应该首先由父母来进行培养和引导。团队精神的培养是一个连贯的过程。婴幼儿时期孩子学会与他人建立连接，在幼儿园、学校时，老师教会孩子遵守纪律，融入集体。走上工作岗位后，孩子需要与他人互相协作完成工作。

所以，团队精神和合作力不管在什么阶段都很重要。从儿子读幼儿园开始，我就开始有意识地培养他的团队精神和合作能力，我是这样做的：

首先，多帮助别人。

孩子从学校回来后，很多家长除了问学习成绩外，还会追问孩子："今天有没有人欺负你？""有没有跟同学打架？""老师有没有请你回答问题？有没有表扬你？"从这些无比熟悉的问题中，我看到了父母关注的中心点——自己的孩子。把自己的孩子当作中心，这当然是出于父母的爱，在父母的内心世界中孩子当然是中心。可是在真实的世界中呢？

有的父母只关注自己的孩子是否被欺负，是否需要得到帮助。却很少向孩子传达"帮助别人"这一重要观念。再加上对孩子过分纵容和溺爱，让孩子变成了一个"小皇帝"，养成了以自我为中心、唯我独尊的性格。一个从小就以自我为中心，不懂得关心他人的孩子，是很难有团队意识的。一个合格的家长应该帮助孩子树立帮助他人的意识。

在儿子上幼儿园时，每天放学回家后，我会问他："你今天有帮助老师和同学做事吗？""同学帮助了你，你帮助他了吗？"

需要注意的是，当我们向孩子强调"帮助"的概念时，还应该提醒孩子只有帮助了别人，才有资格请求别人帮助你。

其次，教育孩子一视同仁，不要区别对待朋友。

小学和初中时儿子常常给我讲他们班里发生的各种趣事，我从他的话语中发现，儿子的班级里面存在不同的小集体，而且都是以成绩好坏来划分的。成绩好的和成绩好的同学玩，成绩不好的和成绩不好的同学玩。学校和老师过度强调"优生"和"差生"，造成了孩子们区别的目光。

我们要让孩子知道，在一个团队中，有各种各样的人，大家性格不同，背景不同，能力也不同。正因为区别性和多样性，我们才会接触到各种人，感受到不一样的精彩，吸收到不一样的长处，学习到不一样的品质。我们应引导孩子用平等的目光来看待和尊重每一个朋友，真诚待人，与朋友共同学习，共同进步，这样他们才能学会更好地与人合作。

Chapter

8

格局决定结局：父母越优秀，孩子越出色

你自己天天玩手机，凭什么指望孩子考第一

我怀儿子的时候，在宝妈论坛上认识了一个妈妈，因为聊得很投机便互留了联系方式。她是一个 2 岁女孩的妈妈，也是一个全职太太。一家人的开销全靠她丈夫赚取。好在丈夫事业有成，养家完全不费力。她的主要任务是在家带孩子、陪伴孩子。对于这种状态，她美其名曰：陪伴就是给孩子最好的爱。

有一天，她邀请我去她家做客。一进门，我整个人都震惊了——地上乱七八糟全是孩子的玩具，孩子到处乱跑，她坐在沙发上看电视剧。突然孩子摔了一跤，额头磕在茶几上，当时就肿了起来。她吓坏了，赶忙把孩子抱在怀里柔声地说道："对不起，宝宝，妈妈太大意了。"安抚住孩子，她回过头来跟我说："唉，这都摔了好几次了，我一个人根本看不了孩子啊。"

我看着孩子肿起的额头，又看着她语气无奈的样子，不知道该说些什么。说实话，我不知道她是在陪伴孩子，还是在陪伴电视剧。

我曾经在朋友圈转载过一篇文章，题目是《面对熊孩子，别再对我说"等你有了孩子"》。那个时候我刚结婚，还没生儿子。于是，一大拨有孩子的朋友在我朋友圈下面留言："你没当妈根本没有发言权，你知道带孩子有多累吗？小孩子根本无法控制，要不你来管，我看你能管成什么样？"面对手机屏，我长叹一声："唉，每一个'熊孩子'的背后，都有一个对他漠不关心的'熊家长'啊。"

没错，几个月大的孩子确实就像外星人一样根本无法交流。当了妈妈后，我深刻地体会到了这一点。带儿子去逛超市，小家伙情绪特别不稳定，说哭就哭了。

每当这时，我都会向周围的人表达歉意后把他带到人少的区域进行安抚，少则一两分钟，多则三五分钟，儿子一定会安静下来。

我曾认真地观察过那些任由孩子哭闹的家长，大多数情况下，家长根本不知道怎么去控制孩子的情绪，要不就是在聊天，要不就是自顾自地玩手机。

表面上他们的确是在陪伴孩子，事实上，他们根本没有满足孩子的需求。

我朋友的孩子果果今年上6年级，因为学习成绩特别差经常被老师"特殊关照"。班主任给朋友打电话："孩子的这种情况必须要重视了，照这么下去，她根本没办法读初中。"这下朋友着急了，周末给果果报满了补习班，哪家贵报哪家，然而，并没有什么效果。孩子越来越厌学，对学习根本不上心，倒是对玩游戏很痴迷。

这天，朋友再也忍不住了，从果果手里抢过iPad，狠狠地摔在地上。这下可不得了了，果果闹着要离家出走。我劝朋友："你这又是何苦呢？你和她爸爸是什么样，就会投射到孩子身上，你是个'低头族'，孩子也会成为'手机控'；假如你是个爱阅读的妈妈，孩子也不会差到哪里去。你整天玩手机不管孩子，还指望她考第一，哪有这么美的事儿。"

"别人都要生二胎，我爸妈不用了，因为他们已经有了小儿子——手机……"这是一个5年级小学生在全国少儿诗会中夺得一等奖的作品。我不知道当他父母看到孩子的作品时是什么样的心情，是该骄傲，还是该惭愧？

古往今来，哪有不爱孩子的父母？虽然"爱"字写起来简单，但是表达的方式却有千万种。我们常说"陪伴是最长情的告白"，但有些父母表面上是在陪伴，实际上却在冷落孩子。还给自己找了一个冠冕堂皇的理由——放任孩子自由生长，实际上只是为自己的忙里偷闲找个说辞。

什么才是最好的陪伴？

前不久，我碰到一个让我佩服的妈妈。她的儿子今年上小学3年级。她告诉我："从孩子一出生，我对他说的每一句话都是经过深思熟虑的。我陪儿子一起看书，一起认字，一起背古诗，一起看电视。为了让儿子养成记日记的习惯，我每天坚持给儿子写一封信。我和儿子亲密无间，是母子，又似朋友。"

陪伴不是陪同，不是父母重金买来的高质量生活方式。而是父母以爱之心去与孩子共同做一件事，让孩子在与父母的交流、互动下形成积极、乐观的心态，从而更加勇敢、从容地去面对他人、面对人生。

母爱与父爱，一个也不能少

我有一个朋友，在女儿 5 岁的时候，因为丈夫的出轨，离婚了。直到今天，我仍然清晰地记得我去她家看她时的情景——进了门之后，还没等我落座，她便迫不及待地向我控诉起她的丈夫，话语里满是谩骂和恶毒的诅咒。虽然有些让人听不进去，但作为朋友，我还是能理解的，那个时期的她需要一个发泄对象。

就在她跟我控诉的时候，她的女儿芊芊突然跑过来，拉着她的手问道："妈妈，爸爸为什么这么久没有回家，我好想见见他啊。"

本来当时朋友的情绪已经渐渐冷静下来了，但是芊芊的话再次激起了她心中的愤怒。她发狂地大喊道："你再也不要跟我说爸爸两个字，从今以后你再也没有爸爸，他跟别的女人跑了，不要我们了，从今天起你就当他死了。"

芊芊从来没有见过这样的妈妈，吓得"哇"的一声大哭起来。朋友被芊芊的哭声弄得更加烦躁不安，便伸手去推芊芊："哭什么哭，你是不是想气死我啊？"

看到这一幕，我赶紧将芊芊抱在我的怀里，并严厉地制止了朋友发狂的举动。我抱着芊芊回到了她的房间，芊芊对我说："阿姨，爸爸已经很久没回家了，妈妈每天都在发脾气、摔东西，还告诉我爸爸已经死了，别再提他，我好害怕啊！"

我摸摸芊芊的头，把她抱得更紧了，心里充满对芊芊的同情和心疼。平心而论，丈夫的出轨对每个女人来说都是一个不小的打击。但无论如何，也不能把大人之间的恩怨强加在无辜的孩子身上，这会对孩子的身心产生不可磨灭的伤害。

芊芊依偎在我怀里哭着睡着了，我把她轻轻地放在床上，关上门走回客厅，我决定就这个问题好好和朋友聊聊。

在客厅里，我非常严肃地告诉朋友，她的做法是非常不利于孩子健康成长的。因为，婴幼儿时期是建立良好亲子关系的关键时期。在这一时期，父母的爱远比教育更重要，健康和谐而亲密的亲子关系远比孩子拥有各种知识更为重要。

由于此时的朋友心中的怨气还没有完全消除，我说的话她暂时也听不进去，反问我："我是人，我被老公抛弃，这叫我怎能不恨，要是你的老公爱上了别的女人，抛妻弃子，你不恨吗？"

我想了想，真诚地回答她："我是人，但是同样我也是一个妈妈。如果你的假设成立，那么我首先考虑的就不再是我自己，而是我的孩子。老公爱上别人跟我离婚，就证明他心里已经没有我了，我何必再去恨天怨地，还不如洒脱地放手。离婚一定会给孩子的心理和成长带来冲击，而我要做的就是减少这种冲击带来的影响。你的老公虽然离开了，但是他把所有的财产都留给你和孩子了，就证明对孩子还是有爱的。可是你却让孩子去恨父亲，你这样做合适吗？"

朋友不理我的话，继续恨恨地说道："是他出轨在先，难道我还要教孩子去爱他吗？"

我安慰朋友道："你这么教孩子，无非就是让孩子不爱父亲，从而让他感到痛苦。可是如果他不在乎这些，你不就既浪费了精力又伤害了孩子吗？如果他在意孩子，你为什么要夺走孩子得到父爱的机会呢？"

朋友听了我的话态度有些缓和："我没想过这么多，这种做法真的会对孩子造成这么大伤害吗？"

我用力地点了点头。

过了几天我再去她家时，给她带了一本名叫《我把女儿教进世界名校》的书。希望她能通过这本书反思一下自己作为母亲的不足之处。

几天后朋友哭着打电话给我说："我看完了这本书，真是自愧不如。和书中的妈妈相比，我真的是太自私了，把自己的情绪都发泄到了孩子身上，给孩子身心都造成了不好的影响。我以后会时时注意，会向书中的妈妈学习，以后一定处处照顾孩子的感受，让孩子感受到妈妈和爸爸的爱。"

挂了朋友的电话，我总算松了一口气，但愿她真的能够做到这一点。

其实，像朋友这样的情况不仅仅出现在离异家庭，还有很多完整的家庭也会有类似的情形出现。比如，我经常看到一些父母问孩子："你是喜欢妈妈还是爸爸？"有的家长甚至为了在孩子心里树立形象会对孩子说："爸爸不经常陪你，一直是妈妈陪着你，妈妈比爸爸更喜欢你，你也应该更喜欢妈妈。"等类似的话。

这样的行为是非常不理智的。对于孩子的成长来说，母爱和父爱一个也不能少。在如今的大多数家庭里，爸爸往往要担负起整个家庭的重担，所以不能时常陪在孩子身边。但这不代表爸爸不爱孩子。我们应该让孩子明白爸爸也是爱他的，他所享受的优质生活，都是爸爸通过努力和汗水换来的。

生活中，有很多家庭由于种种原因，对孩子的爱产生了缺失或错位。比如，父母忙于工作而把孩子交给保姆或老人带；或者因忙于挣钱和应酬而没有时间陪孩子；也有的父母因为不懂得如何正确地爱孩子而采取了错误的爱的方式……这些情况都会导致孩子出现各种各样的行为和心理问题。

我儿子的同学思浩，由于家里经济情况不好，父母在他很小的时候就外出打工了，而且工作很忙，很少有时间回来陪他。思浩从小就和爷爷奶奶生活在一起，教育的缺失致使思浩性格具有明显的缺陷和不足。比如他不愿意和他人说话，不愿意参加集体活动，性格古怪又敏感。

其实，思浩的"悲剧"主要是由于父母爱的缺失和错位而造成的。在孩子年幼时，父母的爱缺失或错位会给孩子带来不同程度的心灵创伤，这种创伤如果不能很好地处理，就会严重影响到孩子青春期以及成年以后的生活。

所以，我想告诉各位父母的是，我们无论工作有多忙，无论压力有多大、生活有多艰难，都要尽可能地多花一些时间陪伴在孩子身边，多与他进行情感交流。因为父母的爱是培养孩子良好性格、修养、能力等一切的重要基础。

退一步讲，即使我们工作真的很忙或由于其他原因没有时间管教孩子，也不能以此作为减少爱孩子的借口。在这方面，或许我丈夫的做法可以给那些借口忙于工作而忽略孩子的父母们一点启示。

我丈夫的工作也会经常加班、出差，鲜少有时间和儿子天天腻在一起。但只要有时间，丈夫就会放下手头所有的事务，尽可能地陪伴在我和儿子身边。

此外，丈夫还利用在单位休息的时间给儿子做了许多动画——把儿子需要体验的代表男性力量的东西或爸爸想对儿子说的话都通过动画的形式体现出来。儿子非常喜欢爸爸所做的动画，与爸爸的感情也因动画而更加亲密了。

为了给孩子健全的爱，父母双方要尽量多一些时间去陪伴孩子。假如父母确实没有足够多的时间去陪伴孩子，也可利用一些交流或通信手段——比如书信、电话等，加强与孩子的交流沟通，且应更加注重和孩子交流互动的质量。这同样可以让孩子体验到父母对他的爱。

让孩子见世面，到底有多重要

前几天我去参加了同学聚会。到了我们这个年龄，大多数同学都已经为人父母，所以我们聊天的话题也大多围绕着孩子。在聊天的时候，有一个同学问我："你觉得在孩子的成长教育过程中，最应该做的一件事是什么？"

我说："要让孩子多见见世面。"

对于我的回答，大多数同学不以为然，很多同学说："我也想带孩子出去见世面，可是那得有钱、有时间啊，就我们挣的这点工资，家用都不够，何谈带孩子去见世面？"

在我看来，让孩子见世面，并不一定需要用钱。重要的是，父母的眼光要远，格局要高。

我在云南旅行的时候，曾遇到过一对父子。父亲因为工作的关系，经常会到全国各地出差。但每次出差只要条件允许，父亲总是会把孩子带上，俩人一路游历，父亲充当解说员的角色，为儿子讲解各地的风土人情。

和他们相遇的时候，这对父子正从当地的一个历史博物馆出来。这位父亲对我说道："我觉得这2小时的参观，收获并不会比学校半学期的历史课少，让孩子近距离地去感受历史的气息，去触摸历史的物件，更能加深孩子的认知与印象。虽然他并没有在学校里系统地学习，但他行万里路，也都是知识。"这是我第一次听到有人这样赞赏多元化培养的好处。

回程的途中，他还说了一段话，让我印象尤为深刻。他说："我一直觉得，我们生活的那个年代，局限于当时自身条件与社会环境的影响，没法出去见世面。所以年少时的我对生活一直没有安全感，总希望自己可以出人头地，成为人上人，便用物质来装扮自己的外在……而现在我明白了，我希望我的下一代，不会像我这样。我会尽我自己最大的可能让我的孩子去认知、去感受外面的世界。"

他的孩子8岁，看着与一般同龄人并无什么不同。可是孩子一口流利标准的英语却让我十分震惊。不仅如此，他的儿子会一个人坐车去任何地方，会洗衣做饭，说话谈吐会让我觉得这根本就不像是一个8岁的孩子，他性格低调、沉稳、内敛而有涵养。当身边同龄的孩子还在父母的保护下中规中矩时，他已经在人生的起跑线上踏步前行了。

这对父子让我想起一句话——父母见过世面，对孩子真的很重要。很多事情，因为见过，因为了解，因为熟悉，在脑海中留下印象，所以能够在更大程度上缓解一些场合所带给自身的紧张与担忧。即使面对的是一些不曾见过的人和事，也能以平和的心态去坦然面对。

我的表姐现居英国，她从小就不是一个"不一样的孩子"。八九岁的时候，表姐的小提琴就演奏得很好了，舅舅夫妇见她这么有天分，就给她报名参加了小提琴演奏比赛。没想到表姐竟然一路披荆斩棘得了个冠军，评委老师都对她赞不绝口。

上初中以后，我们寒暑假都在家奋笔疾书写作业，上补习班，表姐却跟着舅舅舅妈到处游玩。

进入大学后，表姐在一群普通大学生里很是出类拔萃，当我们在犹豫是找工作还是考研时，她毅然决然地加入了世界义工组织，去东南亚支教，丰富自己的阅历。

正是表姐从小到大的阅历，让她能够把握住人生中的每一个机遇。

我之前读过这样一句话——作为父母，见世面是送给孩子最好的礼物。因为见世面会让孩子更加包容但也泾渭分明，淡然却又彬彬有礼。让孩子见世面，并不一定是在物质和生活中一味地满足，有求必应。而是应该以一种开阔视野的生活方式，让孩子不断增加阅历，从而以一种最好的姿态去成长和生活。

让我们的"原件"美好一点，再美好一点

从一定程度上来说，父母就是孩子的"原件"，父母是什么样，"复印"出来的孩子就是什么样。每当我把这个理论说给身边的朋友、同事听时，他们都觉得很有道理，父母是孩子的第一任老师，父母的一举一动都会成为孩子模仿的对象。

儿子上初中的时候住校，一次周末回家时向我抱怨："妈妈，我真搞不懂，我的同桌为什么总是喜欢站在自己的角度，无端地指责别人。说别人买了个钱包，还要追求什么名牌，那么贵，就是在浪费父母的钱，可是过一会儿还是会好奇地凑过去看看。"

一个才上初中的孩子，也就 12 岁左右，正是单纯求学的年纪，却带着这么偏激的眼光去批判别人。这样的观点是哪里来的？

有一次，我在校门口遇见了儿子的这位同桌的妈妈。与她聊了几句后，我就知道儿子向我所说的关于同桌的抱怨全部来源于家庭。——我在与她妈妈闲谈的短短几分钟里，她向我抱怨了天气不好，校门口交通秩序差，孩子成绩不好等很多杂七杂八的琐事。我想，孩子生长在这样的父母身边，难免会在潜移默化中养成同样爱抱怨的习惯，而这对孩子的成长来说是非常不利的。

我相信，没有一个父母会希望自己的孩子是这样的。既然不想，那我建议大家从现在开始，把家当成最重要的教育阵地，用我们所说、所做来亲身给孩子示范，不要让我们的无心举动影响孩子的一生。

如果我们总是在家抱怨社会、抱怨领导、抱怨自己的朋友。不知不觉中，我

们的孩子也会对社会，对以后的领导，甚至对自己的朋友失望，从而对生活没有追求，没有期望，导致失去了学习的动力，得过且过……

说到这里，很多父母可能会说："我的孩子还小，我说的他也听不懂。"是的，如果我们的孩子还只是 3 岁以下的婴幼儿，我们的话他们可能会听不懂。但孩子的模仿能力是很强的，在他们很小的时候，就已经开始记忆东西了（甚至是在胎儿期）。

说到这里，我给大家梳理一下，一般在孩子成长过程中有哪些行为和语言会对孩子产生不好的影响。

有时，我们回到家就会瘫倒在沙发上说："上班真的是累死了，可不可以不要上班啊……"

有没有想过，我们这样讲，会让孩子从心里觉得上班好可怕。从而不想长大，因为长大就要工作。从侧面来说，这就是害怕承担责任的表现。

还有一些父母，当着孩子的面就大吵大闹，甚至大打出手。我看到如今的很多夫妻在有了孩子之后，还轻率离婚，给孩子带来抹不去的痛苦。孩子会因他所听到的、看到的，失去了对婚姻的期待，甚至惧怕婚姻。因为在他成长过程中，没有留下父母相亲相爱的记忆。

很不幸，我有一个朋友就发生了这样的一个悲剧——

朋友的女儿已经到了适婚的年龄，朋友经常催促她说："女儿啊，你也老大不小了，赶紧找个人嫁了吧！"女儿一听，就冲进厨房拿刀架在自己的脖子上，说："让我结婚，除非我死了。"

朋友被女儿的举动吓坏了，从今以后再也不敢跟女儿谈论这件事了。她满心焦急地问我："我女儿怎么会这么排斥结婚呢？后来我找机会跟朋友的女儿聊了聊这件事。在与她聊天的过程中，我才知道导致她恐惧结婚的原因，就是因为朋友和她丈夫不和谐的婚姻关系。

原来，他们总是当着女儿的面吵架。有好几次，女儿还亲眼见到爸爸动手狠狠地打妈妈。每而次吵架或是打架后，妈妈都会跟她抱怨："世界上的男人没一个好东西"。这样的情景慢慢地在女儿心里扎根，她也开始默认了世界上没有好男人，男人都是不可信的。

朋友知道了事情的原委后，后悔地捶胸顿足。她没想到自己的无心之举竟然给孩子造成了如此严重的影响。后来，朋友为了打开女儿的"心结"，特意带着她去看了心理医生。

由此可见，父母随意地发泄，会给孩子造成多么可怕的后果。所以，为了我们亲爱的孩子，请各位"原件"以身作则，给孩子树立良好的榜样！

别让孩子"赢在起跑线"，却输了大人生

近几年，兴起了一股婴幼儿学瑜伽、学哲学，甚至是学外语的热潮。然而，在这场热潮中，很多孩子由于过早地进行各种各样的训练，产生了很多极其恶劣的副作用。而且，还有不少孩子，在受到父母极大的教学压力后，得了自闭症。

老人常说"早熟的种子不丰满"，现在大多数的父母为了让孩子"赢在起跑线上"，对孩子进行揠苗助长，过度施教。殊不知，这样的行为不仅会扼杀掉孩子的求知欲望，甚至还会影响到孩子的潜能开发。

儿子在上幼儿园小班的时候，幼儿园为了获得更多的生源，便大肆地宣称"整改"——让每一个入园的孩子都变成优秀的孩子。而他们所谓的变得"优秀"的教育法就是，让幼儿园里的每一个孩子形成"铁一般"的学习习惯：半个小时一节课，课程除了美术、音乐外，还包括识字、口算、英语口语等；一周上六天课，周六是特长辅导班……

这样一来，孩子们除了吃饭和午睡时间外，几乎全部时间都要坐在教室里学习。所以经常看到有的孩子坐在座位上打瞌睡，甚至有的孩子在吃饭时就趴在桌上睡着了。

在了解清楚这家幼儿园的教育方式之后，我和丈夫毅然决定让儿子转学。因为我们无法忍受这么小的孩子，就要面临如此巨大的学习压力，这是违背孩子成长天性的。

在我反对这种教育方式的同时，很多父母却将揠苗助长式教育奉为教育的

宝典。

我的外甥津津是一个小学 4 年级的学生。表姐夫妇希望津津可以全面发展，提高整体素质，便给他同时报了 5 个辅导班。除了周一到周五正常上课以外，每个周末，表姐还要陪着津津四处"赶场"，回来后还要监督他完成作业，很多时候都要写到夜里十一二点钟。沉重的学习压力和补课任务，让津津疲惫不堪。一说起补课，津津就头疼，吵着说自己讨厌学习、讨厌补课！

表姐无奈地向我抱怨："我就这一个宝贝儿子，我也不想让他这么累。可是现在大家都不能让孩子输在起跑线上，都让孩子上辅导班。如果我不这么做，又怕耽误孩子的前途，孩子以后会怨我！"

正是由于担心孩子输在起跑线上这样的心理，才会让父母盲目地给孩子灌输与其年龄不相符的知识。但是，这样做真的有效吗？

世间万物的发展都有其不可打破的规律存在，就像毛毛虫只有通过痛苦的挣扎和不懈的努力才能破茧成蝶，飞向天空；种子需要冲出泥土的包裹才能遇见新生。孩子的成长也是一样。当我们对孩子实施揠苗助长式的教育时，就已经违背了孩子身心健康发育的基本规律。

其实，"让孩子赢在起跑线上"的思想，本身就是一种误导。因为如果将人生比做成一场马拉松，赢在起跑线上跟最后的胜利并没有太大的关系，起跑是否领先并不重要，重要的是要保存实力。不能因为父母的盲目从众心理，让孩子"赢在起跑线"，却输了大人生。

适当的愤怒是可以谅解的，但处理方式更为重要

当我们和孩子相处的时候，孩子的不懂事难免会惹怒我们。对此，我发现很多父母的处理方式是——对孩子发火。但是发完火之后呢？孩子有没有改正？或者有没有对孩子起到教育作用？

诚然，我们每一个人都不是圣人，即便我们身为父母，我们也有情绪，有时孩子做错了事，生气发火也是能理解的。但是，除了生气发火，我们有没有更好的处理方式呢？

当你觉得自己忍不住要发火的时候，不妨在心里问自己 3 个问题：

第一，真的有必要发脾气吗？

第二，发脾气能起到对孩子的教育作用吗？

第三，发脾气会不会引起新的矛盾？

在我儿子上小学的时候，有一次，到了天黑的时候，他还没回家，我急得团团转。从他上小学的第一天，我就告诫过他，放学了就要赶紧回家，家里的人会等着他吃饭，如果不按时回家，我们都会很担心的。

眼看着时间一点一点过去，我实在等不住了，便决定出门去找他。顺着家去学校的路，我一路找，结果在一条小河的河堤上，看见儿子和他的同学趴在地上玩弹珠玩得正开心。

我强压住怒火向他们走过去，儿子看见我，立马就站起来了，不知所措地望着我。我看着他害怕的神情，缓和了一下语气对他说道："走吧，跟妈妈回家

吃饭。"

儿子一路都不敢吭声，回到家后马上对我说："妈妈，我错了，不该天黑了还不回家，让你担心了，我保证再也不会有下次了。"

看着儿子积极的认错态度，我点了点头。这件事中，我没有对儿子发火，可是依然达到了教育他的目的。

很多时候，父母对孩子发火只是一种情绪的宣泄，并不见得会取得良好的教育效果。其实，如果父母静下心来就会发现，很多时候并不一定要通过发脾气的方式让孩子吸取教训。

可能有的父母会说："我也不想发火，可是有时候孩子实在皮得让我忍不了。"那么当孩子惹我们生气的时候，我们应该怎么做呢？根据我的经验，推荐以下3种做法。

方法一：深呼吸调整，使自己尽快冷静下来。

方法二：换个角度思考问题，有时换个角度就会发现事情并没有我们想象的那么糟。

方法三：跟孩子沟通，告诉孩子，他这么做会有什么样不好的后果，让他意识到自己犯错了。但需要注意的是，在沟通的过程中，耐心劝导，避免责备咒骂。

孩子总是会淘气的，当孩子惹我们生气的时候，请一定要处理好自己的情绪，发脾气并不能解决问题。只有我们能够控制自己的情绪，找到处理问题的正确方式，才能和孩子建立更加亲密的亲子关系。

最需要拯救的是我们自己，而不是孩子

在生活中，有很多父母在发现自己的孩子出现了问题时，会第一时间把责任推给学校，推给老师，甚至推给孩子，唯独不会反省自己。这就像我们的眼睛总是向外看，手电筒总是往外照，这是一个思维的盲点。不弥补这个盲点，教育孩子就是空谈。在我教养儿子的这么多年里，我深信这样一个道理——父母越优秀，孩子越出色。父母的格局决定着孩子的结局。

朋友的儿子小风刚满 15 岁，是一个初中 2 年级的学生。他沉迷于网络游戏，无心学习，翘课逃学更是家常便饭，无论朋友怎么打骂都没有用。

有一次，朋友因为小风逃课去上网而狠狠地打骂了他，小风冲动之下竟然选择了离家出走。虽然小风离家一天一夜后就自己回来了，但是经过此事，朋友对小风的管教问题深感无奈。每次说起小风，她都是叹息和抱怨。

我很了解朋友家里的状况，我认为小风变成这个样子与朋友夫妇不恰当的教养方式有直接的关系。

朋友夫妇在教育小风时没什么耐心，轻则恶言相向，动辄打骂。夫妻俩平时很少和小风沟通，跟小风说话的语气也都是命令的口吻。尤其是小风的爸爸，是家里的权威，要求小风必须无条件地按照他们的意愿行事。渐渐地，小风与父母间的隔阂越来越深。

其实，小风在上小学时是个十分听话的孩子，可是上了初中后突然开始变得叛逆。为此，小风的班主任老师也很着急，曾就此事将朋友夫妇请到学校进行沟通，希望能在学校和家庭的共同监管下帮助孩子改掉坏习惯。可是朋友对此却不以为然，认为孩子之所以逃课是学校管理不到位，是老师的不负责任造成的。两人到了学校以后不仅没有好好反思自己，反而把老师指责了一通。

作为朋友，我曾好心地提醒朋友改变一下教育方式，她却很不高兴地对我说："我不需要改，我就是这么长大的。你家孩子听话不用你操心，可是我家孩子不一样啊，我说什么他都听不进去，不打不成材！"

我想，朋友还没有搞清楚，正是由于她的管教方式不当，才造成了与孩子沟通不畅、亲子关系疏离。"问题父母"养育"问题孩子"，一点也不奇怪。

凭我多年教养孩子的经验得出结论，出现"问题孩子"的家庭不外乎以下两类。

第一类，父母缺乏责任心，又不懂得教育方式。

这类家长往往没有科学性的教育方法，对孩子进行"散养"的教养方式。在这样的家庭中，孩子缺乏科学的引导，很容易形成我行我素的行事风格。

第二类，有责任心，但缺乏合理教养方式的父母。

这类父母有强烈的责任心，有把孩子培养成才的强烈愿望，但是却完全不懂合理的教养方式。他们经常自以为是地干涉孩子，做一些违背孩子成长规律的事。孩子在父母的"高压管教下"，很容易产生叛逆的情绪。

我的朋友就属于第二类家长。后来，沉迷于网络游戏无法自拔的小风，索性辍学天天泡在网吧中。直到这时，朋友终于开始反思，是不是自己的教育方式真的错了。

在我的推荐下，她参加了一个亲子关系课程的学习，重新学习如何当一个合格的妈妈。教育专家告诉朋友："孩子本身是没有问题的，有问题的是父母，是父母没有找到适合孩子的教育方法，是父母没有给予孩子符合人类天性的理解和关怀，是父母的行为违背了教育的规律。"

专家还说："要想改变孩子，父母自己必须先做出改变，这是家庭教育的一条铁律。"

朋友接受了专家的建议，开始改变自己。以前她为了限制孩子上网看电视，会关掉 Wi-Fi，藏起遥控器，甚至制造停电和故障。现在想想自己从前的举动，朋友觉得愚蠢透顶，荒唐可笑。正是因为自己错误的方法，让孩子和自己都走入了死胡同。

朋友决定敞开心扉和小风进行一次谈话，她对小风说："过去由于妈妈、爸爸错误的教育方式给你造成了十分严重的伤害，妈妈向你道歉。你长大了，自己的事情可以自己做主了。以前爸爸妈妈管你管得太多，今天开始我们会把属于你的自由还给你，做你想做的事情吧！如果你遇到了什么困难，可以提出来，爸爸妈妈会想办法帮助你。"

经过一段时间以后，小风对爸爸妈妈越来越信任，一家人的关系也变得越来越亲密。由于朋友不再严格限制小风上网，小风对上网玩游戏反而没有之前那样沉迷了。看到周围同龄的孩子都在学校学习，小风有些后悔自己当时冲动辍学的决定了。

小风表明了自己想回学校学习的想法，但是怕功课跟不上。朋友和小风商量后决定，过完年再复学，趁着还有几个月的时间把之前落下的学业补起来。朋友为小风报了补习班，但是不再像从前一样每天唠叨小风学习，小风为自己制订了合理的学习计划，对学习的兴趣和积极性也提升了。

后来，小风顺利复学了。在复学后，小风彻底改掉了爱去网吧的坏毛病，努力提升自己的学习成绩。在最近的一次考试中，他竟然考到了班级的前十名，老师和父母都为他的改变而感到高兴。

有的家长担心，尽可能地给孩子自由，会不会让孩子变得任性、无纪律？其实这里存在一个认识上的误区，即把自由和规则看成了互相冲突、对立的关系。其实，自由和规则是一体的，自由是规则的内容，规则是自由的边界，两者相辅相成。需要注意的是，父母给孩子自由的发展空间，不是对孩子放手不管，而是根据孩子的意愿，顺应孩子的天性，并对其加以合理引导，从而让孩子更加愉快、健康、自由地成长。

爱孩子就要走进孩子的内心世界

很久之前，我看到过这样一则新闻：

有一个小男孩，平时的学习成绩很好，每天去上学时，他都兴高采烈的，恨不得马上就能到学校。

突然有一天，这个小男孩变得不再喜欢去上学。每天早晨，他都千方百计地拖延出门的时间。开始的时候，妈妈还耐心地催促他，让他快点去学校。到了后来，妈妈也失去了耐心，见他不肯去上学，就非常恼怒地说："你这孩子真是太不听话了！再不去上学，我就给老师打电话，叫她批评你！"小男孩见妈妈发脾气了，只得背上书包极不情愿地走出家门。

妈妈发现孩子除了不爱上学以外，性情也发生了变化——以前他爱说爱笑，最近却变得很沉默。一放学就躲在自己的房间不肯出来。尽管发现了这些异样，但是并没有引起妈妈的重视，她以为或许儿子只是遇到了一些烦心事而已，过几天就会好起来。

又过了几天，小男孩不仅没有好起来，而且变得更加糟糕了。他的眼睛完全失去了神采，变得直愣愣的，而且一点饭都吃不下去，每天只是瞅着天花板发呆。这下小男孩的父母才意识到了问题的严重性，赶紧带着孩子去医院检查身体，唯恐他得了什么恶性疾病。结果到了医院，医生看到小男孩的状态后便对孩子的父母说，孩子得的是"心病"。

后来，小男孩的父母带着他去看了心理医生，在医生的询问下，终于弄清了小男孩"生病"的原因。原来，在学校有几个调皮的孩子总是欺负他，每天放学都在路上围殴他，并且警告他不要告诉家长。因为害怕，男孩不敢去上学，但是孩子的父母不仅没有帮助他，反而责骂他不爱学习。在双重的压力之下，他变得郁郁寡欢起来。

父母对待孩子的方式将直接影响孩子的心灵成长。孩子脆弱且敏感的心，极度渴望家长的理解与支持。作为父母，我们必须懂得，如果我们在孩子最需要理解和倾听的时候，不能给予孩子心灵的慰藉，那么孩子的情绪就不会因此得到有效的释放和疏导。只有学会心理换位，在体察与理解的基础上认真倾听孩子内在的心声，他们才不会抵触与父母的真诚沟通，而把自己的心里话与成长心得分享给父母听。

爱是打开沟通大门的钥匙，没有爱就没有沟通。给予孩子心灵的关怀远比给予孩子物质的享受更为重要！唯有如此，父母才能够及时有效地了解孩子的内心世界，从而更好地引导和教育孩子。

Chapter

9

成长路上，努力固不可少，但方向至关重要

给孩子一个梦想的机会

儿子读小学 2 年级时，有一天，他在电视里看到英雄打败坏人，救出好人时，他昂起头，对我说："妈妈，我以后要做一个英雄，我要把所有的坏人都抓起来。"

我停下手里的活，笑着对儿子说："好，妈妈支持你，但前提是你现在要好好学习，这样才能成为一个英雄，才有能力去抓坏人。"

"妈妈，你说得对。"儿子若有所思。

"妈妈可不是随口说的，你看看电视里的英雄，他们都是从小就努力学习，坚定梦想，最后才实现梦想的。妈妈也希望你能够实现你的梦想。"我对儿子说道。

其实儿子的梦想并不只有一个，有时他会对我说，他要做一个警察。过几天，又变成做一个医生。再过几天，又变成做一个老师……总之，在儿子上高中以前，他的梦想一直在变化着。

看到这里，可能很多父母会觉得，孩子还没有长大，还没定性，我们不必在意他的梦想。可我不这样认为，或许孩子在没有长大之前，他们的梦想随时会发生变化，但作为父母，我们一定不能无视他们的梦想。在儿子每次向我谈他的梦想时，我都会像上面那样支持他的梦想，给他一个梦想的机会。

每个孩子都会有自己的梦想，这些梦想可以成为他们今后的人生目标，给他们提供前进的动力。在孩子成长的过程中，梦想的作用非常重要。比如，我们问孩子："你为什么要努力学习？"

有梦想的孩子对于这个问题会有很多答案，比如"为了长大去太空""为了成为科学家"，还有的孩子可能会说："为了做出世界上最好吃的零食。"这些回答看上去似乎有些幼稚，但与成年人"为了今后有钱有房有地位"这样的答案相比，孩子的答案更有意义，也更远大。所以，梦想对于孩子最大的作用就是驱动他们做出努力。

当然，孩子因为年龄小，可能最初的梦想会显得十分幼稚，随着年龄的增长梦想还会不断发生变化。但是如果孩子一直都有自己的梦想，那么他就一直都会有前进的动力。

令我感到痛心的是，在现实生活中，我经常看到有些父母在不知不觉中，成了孩子梦想的终结者，无形中扼杀了孩子的梦想。为此，我总结了一下我日常的所见所闻，归纳出以下这些会毁掉孩子梦想的父母行为，大家可以对照着看一下，你有没有这样做过？

行为一，否定孩子的梦想。

我经常看到一些父母听到自己孩子的梦想太低级或者不切实际时，立刻就会做出否定。比如有的孩子说自己长大了要开一家包子店，因为孩子喜欢吃包子。父母却说："开包子店太没出息了，也赚不到钱，你长大后应该去开公司，赚大钱。"有的孩子说"我长大后要去月球"，父母却说："这怎么可能？你现在还是好好学习，别整天瞎想了。"

我们这样随意地否定了孩子的梦想，会大大打击孩子的进取心。要我说，很多孩子不爱学习，其中很大一部分原因就是缺少梦想，没有前进的动力。

行为二，孩子的梦想需要我们的引导，但并不是让我们去诱导。

有些父母急于让自己的孩子有梦想，想让孩子在短时间内变得努力、向上、聪明。但是可能孩子暂时没有什么梦想，于是父母就采用引诱的方法让孩子说出一个梦想。

比如，"宝贝你的梦想是什么？""你能想出一个梦想来吗？""你看隔壁家的小明长大以后想做科学家，你长大以后想做什么？总不能比小明差吧？"

有的家长为了让孩子尽快找到梦想，甚至强迫孩子编造一个梦想出来。如果孩子编出来的梦想正好符合他们的心意，他们此后就完全不考虑孩子的感受，只知一味地逼着孩子为了这个梦想去努力。

行为三，定制孩子的梦想。

现实生活中有 3 种情况是很常见的：一是我们自己小时候的梦想没有实现，就将这个梦想强加给孩子，想让孩子替自己圆梦；二是一些事业有成的父母想让孩子今后继承自己的事业，就让孩子沿着自己走过的道路重走一遍，复制自己的梦想；三是出于功利性的目的给孩子设计了一个梦想，然后强迫孩子去完成。

以上这 3 种行为会毁掉孩子的梦想。请记住，逼出来的梦想，不是真的梦想。为了编造的梦想去努力，也会缺乏真正的动力。梦想，必须是孩子发自内心的，是他真正认可、真正想要实现的目标。我们要做的是，给孩子一个拥有梦想的机会。

而给孩子一个梦想的机会，需要我们去引导和保护孩子真正的梦想。父母要如何做呢？我的经验或许能给大家一些启迪。

首先，了解孩子的梦想。

了解孩子的梦想，然后对孩子的性格、爱好以及能力等各方面进行分析，引导孩子确立自己的目标。虽然孩子可能有自己的目标，但是通常比较多变，所以我们要引导孩子将自己的梦想说出来，然后和孩子一起讨论，让孩子认真地去考虑，使其目标变得更加成熟。

其次，鼓励孩子的梦想。

儿子小时候问过我一个问题："我长大之后能干什么？"我回答说："如果你进入企业，那么你将成为一个管理者；如果你进入部队，那么你将会成为一个将军。"儿子在听到我的回答之后，就为自己定下了目标："我要成为最优秀的人。"

有一点是需要父母注意的，就是不能过于急切。不要因为孩子的表现没有达到自己想要的结果就对其进行批评指责，这会严重打击孩子的积极性和自信心。

相反，要多去引导和鼓励孩子，让孩子继续努力。

然后，让梦想成为孩子成长的动力。我们首先要学会保护孩子的梦想，并根据实际情况，将孩子的梦想转换为有可能实现的目标。

儿子读小学时，某一个阶段的梦想是做个医生。我帮助他分析："你梦想成为医生，这是很好的。我相信你可以成功，不过也得付出努力才行。成为医生，首先要有很好的学习成绩，因为医学院不好考，所以你要保持优异的成绩，不要让成绩成为你梦想的绊脚石；此外，成为医生是很辛苦的，所以你可以先了解一些简单的医学常识，多看多学习，这可以让你更加了解医学，在这个过程中，你可以检验自己的诚意——自己是不是真的想成为医生。不过，妈妈更愿意先和你一起看几部关于医生的电视剧。"

通过创立目标、制订实现的步骤，孩子会一步步靠近他的梦想。在这个过程中，他也会觉得非常充实、快乐！

最后，不要急于为孩子固定梦想。

很多孩子并不知道自己真正的长处和兴趣是什么，所以他们的梦想常常会改变，这是很正常的。通常孩子年龄越小，其梦想就越容易发生变化。对于孩子的梦想，我们要做的就是多倾听和多观察，保护和引导孩子，而不是否定孩子的梦想或者立刻就为孩子的梦想定性。当孩子随着年龄增长逐渐走向成熟时，其梦想也会越来越坚定。

梦想也有成长的过程，其过程与生命成长的规律一样。孩子的梦想就像一颗种子，当种子被种下之后，什么时候能够发芽，什么时候能够结果，这些都要符合自然规律，揠苗助长的行为只会适得其反。

只有脚踏实地，才能顶天立地

儿子有一个很要好的朋友叫家家，俩人从读小学开始，一直是形影不离，如今俩人就读于同一所高中。上个月，我在商场碰到了家家的妈妈。我们俩一边逛街，一边聊起了各自的孩子。家家妈妈告诉我说，家家学习成绩还不错，可是做事情很浮躁，干什么都不能踏踏实实地做下去。

一天晚上，家家吃完晚饭后就去自己的房间写作业了，她妈妈看到后很高兴。可是，没过半小时，家家就出来坐到客厅里的沙发上看起了电视。妈妈问："作业写完了？"家家盯着电视回答："写完了。"妈妈有些怀疑："怎么那么快？"家家得意地说："现在干什么不都讲究一个提速嘛！""那你检查了没有？""放心，我的错误率很低的。""我帮你检查一遍。"说着，妈妈就往家家的房间里走去。

家家赶紧拦住了她："哎呀，妈妈，用不着检查，不管对错，做完就可以了呗。再说，我都已经把作业本整理到书包里了。"妈妈皱了皱眉头："写作业怎么能不管对错呢？不能光图快。"妈妈坚决地把作业本从家家的书包里拿了出来，替他检查了一遍，发现了好几处错误。无奈之下，家家只好将错误改正之后再去看电视。

快要期末考试了，家家一点紧迫感都没有，仍旧像平常一样玩得不亦乐乎。妈妈问他复习得怎样了，家家回答课本上的内容基本上都会了，做起题来得心应手。可是，妈妈一检查，就会发现他犯的一些很低级的错误。

"家家这么浮躁，我应该怎样改变他呢？"最后家家妈妈向我抛出问题。

看着家家妈妈一脸为难的样子，我帮她分析了一下家家浮躁的表现。一般孩子浮躁主要表现为：做事没有恒心，总想投机取巧，整天无所事事；做事盲目、无计划性和目的性，常常半途而废；做事心神不定，注意力不集中，缺乏耐心；做事急于求成，不能脚踏实地；做事忽冷忽热，见异思迁，这山看着那山高。

听完我的分析，家家妈妈直点头，说家家就是这样的。"那你得好好帮助家家克服浮躁，培养他做事脚踏实的性格。"我对家家妈妈说道。

因为不管孩子以后从事什么样的工作，只有脚踏实地、循序渐进，才能做好每一项工作。而好高骛远、不脚踏实地的坏毛病，只能让他们离成功越来越远。所以，身为父母，我们要引导孩子养成做事情脚踏实地的性格。

如何引导呢？我是这样告诉家家妈妈的。

首先，我们自己要改变做事草率、急功近利的浮躁状态，给孩子创造一个干净、整洁的生活环境，不能终日吵闹不休，否则就会直接影响孩子的身心健康。

其次，我们不要无原则地溺爱、迁就孩子，要培养孩子顽强的意志力，让孩子不怕苦不怕累。这样，孩子做事时就不会浮躁冒进，缺乏恒心和毅力了。

最后，我们要培养孩子踏实、专注的习惯，可以根据孩子的年龄特点和注意力的长短来制订作息表，严格按照作息表来学习。

当孩子已经出现了浮躁的苗头时，我们可以采取一些措施，有针对性地磨炼孩子的浮躁心理，让孩子学会调控自己的浮躁情绪，培养孩子做事脚踏实地。比如，让孩子练习书法、绘画、解乱绳结等。还可以教孩子用语言进行自我暗示："路要一步步地走""这山看着那山高只会一事无成"。

为了更好地帮助家家改变浮躁，我还把自己引导儿子做事脚踏实地的方法讲给了家家妈妈听，希望为她教育儿子指明方向。

第一，要求孩子做事情要有始有终。

浮躁的孩子往往意志力不强，做事情时容易虎头蛇尾、半途而废。因此，想要改变孩子浮躁的习惯，我们必须要求孩子踏踏实实、有始有终地做好每一件事情。

儿子读小学阶段，做事情总是毛手毛脚，一点都不干净、利索，不能坚持到底。有时候作业写到一半就去玩了，衣服还没洗完就跑去和朋友们做游戏了。

星期天，我正在进行大扫除。儿子把作业写完了，就问我："妈妈，你不是说要带我去游乐园玩吗？咱们什么时候可以去呀？"我和他商量："儿子，咱们家太乱了，我一个人忙不过来，你帮我把地拖了行不行？这样，咱们就能早一点去游乐园了。"儿子爽快地答应了，他洗好拖布便拖起地来。可是，客厅还没拖完，他就嚷嚷着累、腰疼，将拖布随手扔下，一屁股坐到沙发上开始看电视。我都快把活干完了，儿子还在看电视，我忍不住数落他："休息够了吧？地还没拖完呢，快点起来继续拖。""哎呀，妈妈，好累啊，你帮我拖完吧，我实在没有力气接着拖了。"我不同意："我还有很多事情要做呢。你做事总是这样有始无终怎么能行？今天你必须把地拖完，不然的话，我就不带你去游乐园玩了。""妈妈你怎么能这样呢？"没办法，儿子只好重新拿起了拖把。

半个小时后，儿子终于把家里的地面全部拖完了，我看了看，向他竖起了大拇指："这地拖得一尘不染，好儿子，你真能干！以后做事情时就应该这样有始有终才行。走，咱们去游乐园玩。"

听到我的夸奖，儿子的心里乐开了花，他下定决心一定要改变自己做事情有始无终的毛病。

第二，不要让孩子把目标定得太高。

儿子有一个阶段做什么事情都急于求成，这山望着那山高，既无准备，又无计划，一点也不扎实、稳重。一天下午放学后，儿子气急败坏地回到家，口中念念有词："要是老这样，我这学真没法上了！"原来，今天每门课程老师都布置了不少作业，儿子估计自己两个小时都写不完。我告诉他："不要急，慢慢来。别想着一下子就把所有的作业都写完，你可以写完一门再写另一门。"我还帮他安排时间，让他写完一门功课就休息一会儿。就这样，儿子没感觉到很疲劳，就把作业写完了。

快要考试了，儿子在复习英语时把自己没有记住的单词整理了一下，写在了一张纸上。他仔细数了数，天呐，居然有 50 多个！那么多单词，个个都不容易记，还有一个星期就要考试了，怎样才能尽快把这些单词都记住呢？儿子很头疼，都不敢多看这些单词一眼了。他愁眉苦脸地对我说："我不知道什么时候才能把这些单词记住呢，看来这次的考试英语肯定又要不及格了。"我了解了情况，对他说："你不要企图一口吃成一个胖子，可以一天记住 10 个单词，每天都比前一天有所进步。这样，6 天以后你就能记住所有的单词了，到时你还有一天的时间再重新巩固一遍。"儿子恍然大悟："是啊，这下我就用不着担心了。"

渐渐地，儿子学会了分段来做事情，他也明白了"积薄而为厚，聚少而为多"的道理。

要想帮助孩子改掉浮躁的习惯，我们需要引导孩子正确地估计自己的能力，教育孩子做事情时要一步一个脚印，实实在在地去做。不要让孩子把目标定得太高，一次做不成的事情就一点一点分开做，积少成多。

孩子的人生之旅，是从设定目标的那一天开始的

儿子刚上学的时候，不适应学校的生活，上课走神、发呆，还经常打瞌睡，学习成绩也很不理想，儿子慢慢地失去了学习的信心，为此他也很苦恼。后来，我帮他分析了原因，引导他为自己制订了一个小小的学习目标——每次上课都要回答老师的一个问题。

儿子当时的成绩不理想，主要的原因就是上课不专心听讲，容易走神。为了让他上课能集中精神，我让他每节课回答一次老师的提问。因为害怕回答错误，同学会嘲笑他，所以他只能强迫自己认真听讲。时间久了，他也不用刻意去强迫自己，便已经养成了专心听课的好习惯，成绩也有了显著的提高，更重要的是找回了属于自己的那份自信。

在通往成功的路上，很多人不是能力不够，而是目标不明确。因此，我们在教育孩子的过程中，一定要让孩子学会设定自己的目标。孩子的人生之旅是从设定目标的那一天开始的。有目标才有前进的方向和动力，进而才会让目标有实现的可能。

关于目标对于一个人的影响，我曾经在网上看到哈佛大学做过一个非常著名的跟踪调查，调查的内容是"目标对人生的影响"。

调查的对象是一群智力、学历、环境条件都差不多的年轻人，调查结果显示：27%的人没有目标，60%的人目标模糊，10%的人有比较短暂的目标，只有3%的人有清晰且长期的目标。25年跟踪研究的结果显示，那些3%有清晰且长期目

标的人，几乎都成了社会各界的精英。那些 10% 有短期目标的人，大都生活在社会的中上层，而 60% 目标模糊者，几乎都生活在社会的中下层。而 27% 从来都没有目标的人，他们的生活都不如意，常常失业，靠社会救济生活，并且常常都在抱怨别人、抱怨社会、抱怨世界。

这一切正如爱因斯坦所说："在一个崇高的目标支持下，不停地工作，即使慢，也一定会成功。"目标就是方向，失去目标，就只能盲从或者盲目努力。确立明确的目标也是孩子成长中不可或缺的一部分，更是孩子通往成功的钥匙之一。

辩证地讲，孩子有目标不一定能成功，但是，没有明确的目标，孩子一定不会成功。目标就是孩子前行道路中的指示牌。那么，我们在引导孩子设定目标时，要注意什么呢？

首先，目标要切合实际。

我们在引导孩子制订目标时，千万不能定得过大、过高、过远，要有一定的阶段性。要让孩子觉得这个目标只要自己努力，就可以实现。如果孩子觉得目标过大，我们可以把大目标分解成一个个的小目标，让孩子一步一步，脚踏实地地向最终的大目标前进。在每一个小目标实现的同时，还能让孩子体验到成功的快乐。

其次，目标要具体。

如果孩子制订的是长大后做一个成功人士或是好人这种笼统而不具体的目标时，父母就要与孩子沟通，引导他确立一个明确的目标。比如孩子想学好口算，那么就制订每天 20 道口算题目的目标。这样目标具体了，孩子也能完成，才会达到训练的目的。

再次，目标要专一。

作家爱默生告诉我们，生活中有一件明智事，就是精神集中；有一件坏事，就是精力涣散。同样，孩子的目标也要专一，如果目标太多，那么必然无法集中精神，最后所有事情都没有做好。比如，很多父母给孩子报各种培训班、舞蹈、吉他、钢琴，应有尽有。这样一来，目标太多，孩子会不知所措，慢慢失去学习的兴致和动力，最后一门都没有学好。其实原因就在于孩子的目标不够专一。孩子的精力有限，给他制订太多目标的后果就是没有目标了。

最后，要有完成目标的详细计划。

要想让孩子达成目标，就一定要帮助他制订完成目标的详细计划。我们不能光在嘴上说或者心里想这个计划，一定要写到纸上，包括什么时间做什么事情，甚至包括怎么做。

比如，儿子的最终目标是钢琴过十级，这份详细的练习计划是如何制订的呢？

首先，他制订了明确的练习时间表，将练习曲目进行了分类，包括每周的整体安排和每天、每个学习时刻的细节规划。

其次，练习也要有措施。措施可以是一些细节的方面，但是要科学合理。比如，放学回家做完作业，7 点开始练习钢琴，练习 1 小时后休息 15 分钟，继续练习另一个曲目，这样安排就非常合理，中间有 15 分钟左右的休息时间，不会过度劳累。

现在，他每天都在按自己的计划进行着。指导老师告诉我他的进步很大，我相信儿子一定能拿下钢琴十级。

EQ 和 IQ 并重，孩子才会更有竞争力

一天，我在网上读到这样一则新闻，新闻上说一个名牌大学的学生因为买错了车票而流落街头，最后竟然要靠在街头乞讨为生。看到这则新闻时，我实在是很惊讶，不禁感叹这位大学生的生活常识也太缺乏了。我们所有人都知道即便是买错了车票也可以向火车站工作人员或者警察求助，请他们帮助联系家人。在我看来，这是教育的缺失，其中家庭教育要负很大的责任。这种基本的生活技能，生活常识，应该从小就教给孩子。

当孩子出现"高分低能"的情况时，大多数情况下，父母把矛头指向学校，认为这是学校不注重素质教育带来的恶果。当有些孩子走入社会后，我们才发现孩子是高智商低情商，不会和人打交道，不懂人情世故。这时，我们会怪教育体制不健全。我们应该仔细地想一想：究竟谁才是始作俑者呢？

其实，造成孩子高智商低情商的往往是我们自己！"望子成龙""望女成凤"的迫切心情让我们把目光聚焦在孩子的学习成绩上，我们总认为成绩好就能上好学校，上了好学校才有好工作，有了好工作孩子就能出人头地。

只拿成绩论长短的我们，对孩子的生活能力的培养肯定是忽视的。就像开头所说的那位沦为乞丐的名牌大学生，他从来没有自己买过一次车票，问路、求助，这些事以往都是爸爸妈妈包办的。社会常识的缺乏导致遇到麻烦不知道如何求助。这位大学生虽然考入了名牌大学，但他离顺利地踏入社会还有很长的一段路要走。

智商（IQ）和情商（EQ）都是孩子未来的核心竞争力，缺一不可。智商代

表认知能力，学习能力。情商是管理自身和他人情绪的能力。试想一下，一个高智商低情商的人是什么样的。他可能毕业于名牌大学，学业出类拔萃，但是不善于与他人合作，不能很好地处理负面情绪，没有激情，缺乏战胜困难的勇气，不会关心他人。这样的结果绝不是我们愿意看到的。

情商不高的人，不善于调解情绪，容易走极端，甚至会给自己和社会造成无法挽回的损失。

前几天，我看到一则报道，说的是在 20 世纪 90 年代初在美国爱荷华大学读博士的一名中国留学生枪杀了 5 人。其原因仅仅是这位学生在攻读物理与天文两个学位时，博士论文最高的奖金被其他的同学获得了，他感觉自己受到了不公正的待遇，于是举枪杀人，最后饮弹自尽。

后来，记者采访了这名学生的家庭，他生长在北京一个普通的工人家庭，从小就被作为别人的榜样，被视为优秀学生的典范。所以，当他遇到比自己优秀的人时，就不能正确地控制自己的情绪。如果他能坚强、理智一些，或者在情绪不好时能进行自我调解，懂得向他人求助，这一切就不会发生。学校、社会及他的父母都应该反思一下，孩子的情商教育是不是被忽视了？

作为父母，我们应该怎样培养孩子的情商呢？在这方面，我是有经验的。在儿子很小的时候，我就认为孩子要全面发展，必须要协调好生活和学习。与其望子成龙，不如教子成人，毕竟能够"成龙""成凤"的人是少数，而且成功的事业和幸福的生活都需要高情商。学习成绩固然重要，但教会孩子经营好自己的生活，管理好自己的情绪，顺利地融入社会生活，和谐地与他人相处，这对我们来说是更为重要的课题。

儿子刚上初中时，不适应初中的学习节奏。当作业完成不了，或者题目太难的时候，喜欢发脾气。我觉得儿子照这样发展下去，情况一定会越来越严重，于是就抽时间和儿子聊了聊。

儿子对我说："现在的作业太多了，我害怕我完成不了老师惩罚我，越害怕越做不完，越做不完心里越烦。"

我对他说："你不要着急，刚上初中确实要花时间适应，出现这样的情况是正常的，欲速则不达。你不妨给自己制订一个作业计划，有计划地去做，就会轻松许多。"

听完我的建议后，儿子调整了他的学习计划，没多久，儿子的情绪果然好转了许多。看到儿子的变化，我也感到很欣慰。

另外，除了重视孩子的成绩，我们也要注意培养孩子的才艺。一项才艺不仅是一项技能，更是一项兴趣爱好。健康的兴趣爱好能陶冶人的情操，培养一个人的审美情趣，滋养人的心灵。就像音乐和绘画可以愉悦心情，运动可以振奋精神、锻炼意志，写作可以活跃思维、锻炼文笔。帮孩子找一样兴趣爱好，具有十分积极的意义。

儿子上幼儿园时，我就给他报了兴趣班。刚开始弹钢琴，儿子很有积极性，很刻苦地练琴。后来在一个活动中，儿子接触了画画，跟我说喜欢画画，我又给他报了美术班。上小学时，学校开设了跆拳道课程，儿子又想学跆拳道了，我二话不说，也给他报了名。也许你会说，你这样东一榔头西一棒子，孩子学这又学那，真的好吗？

我的目的并不是把儿子培养成一个全方位人才，而是鼓励他发现自己的兴趣，对生活充满热情。同时，还可以锻炼他的情商，这对他来说，有百利而无一害。

最后，我要再次提醒各位父母的是，情商和智商同样重要，身心健康均衡发展，才能真正提高孩子的综合能力，才能让孩子成为真正的优秀人才。

让孩子学会"要事第一"

我们是否曾因这样一个问题而困惑呢？明明比别人更有能力、更努力，却总是收效甚微？不要疑惑，不要抱怨，你应该先问问自己，是否把时间留给了最重要的工作？或者更直接地说，你还没有认识到合理安排时间的重要性，有些事忙得并不合理，真正要做的事情没有完成，无关紧要的事情却做了很多。

孩子也是一样。很多孩子一天到晚瞎忙，但是等到晚上睡觉的时候，我们问他都学到了什么，他们却说不出具体的东西来。这是因为孩子做事的时候不分轻重缓急，将所有的事情都杂乱地混在一起，以至于最终什么都没做好。

也就是说，作为父母，我们要教孩子在做事之前学会科学地安排，保证"要事第一"，正所谓"擒贼先擒王"，只有抓住"牛鼻子"之后，才能根据各种事件的轻重缓急来安排身边的事情。如此一来，孩子做事的成效才会显著，才能最大限度地把事情做好。

我曾经在网上看到一个关于基辛格博士的采访，基辛格博士曾担任美国国务卿，尽管每天的工作都很繁忙，但他总能使一切井然有序地进行。对于自己的成功，基辛格博士给出了自己的解释："以前，我经常按我认为合理的方式去处理问题，某件事情一定做完为止。后来，我明白必须把许多问题放在优先次序中，优先做那些重要的事。"

因此，我们要教孩子善于对事情进行整理，千万别把重要的事情都推到最后，更不要把精力和时间花在一些无关紧要的事情上，而是要重点去处理那些重要的事情。让孩子学会"要事第一"，将原本非常混乱的事务整理出一个清晰的脉络，排列出先后顺序。如此一来，按部就班地分配时间，做事效率也会高出很多。

的确，凡事都有轻重缓急，重要性最高的事情，应该优先处理。那么，如何教孩子区分事情的重要程度，做到"要事第一"呢？我是这样引导儿子的：

首先，把 ABC 排序法教给儿子。

儿子上小学 4 年级时，我就把 ABC 排序法慢慢地教给儿子了。所谓 ABC 排序法，就是根据孩子事情中的各个任务的重要和紧迫程度，按照最重要、重要和不重要 3 种情况划分为 A 类、B 类和 C 类三种，然后再有顺序地去进行处理。"ABC 排序法"的具体操作过程是这样的：

A 类事情：最重要的事情，这类事情为孩子"必须做的事"。比如说：明天要考试了，今天必须要复习功课。

B 类事情：较重要的事情，指孩子"应该做的事"。这类事情比较重要，但比起 A 类事情来说，不是非常重要。

C 类事情：不重要的事情，指孩子"可以去做的事"，相对前两类事情，这类事情是价值最低的。这类事情可以靠后，如果孩子的确没有时间去做，那就可以推迟去做，甚至完全忽略。

总体来说，我在教儿子学会 ABC 排序法时，三级事情所占的时间分配是这样的：

A 级事情是儿子必须在短期内完成，需要立刻行动起来去做，而且要集中精力做到位的。A 级事情完成后，需要转入做 B 级事情。如果儿子的时间紧张，可以适当地推迟 B 级事情期限。对于 C 级事情，无论儿子多么感兴趣，都要尽量少在上面花费时间，或者安排在清闲时期进行。

其次，让孩子用颜色区分事情的重要程度。

用颜色区分事情的重要程度，这是日本明治大学的齐腾孝教授发明的一种辨识方法。其具体方法及教孩子的操作步骤是这样的：

第一步：找出3种颜色的笔，这3种颜色分别是红、蓝、绿；

第二步：用红色代表最重要，蓝色表示次要，绿色表示可以忽略的事情；

第三步：让孩子把一天要做的事情列出来；

第四步：和孩子一起对所列的事情进行区别重要程度。如果是最重要的事情就画上红线；如果是次重要的事情就画上蓝线；如果是可以忽略或推后做的事情就画上绿线；

第五步：用颜色区分事情的重要程度后，如果那一天孩子的时间不够，孩子就可以直接找画红线的事情做，就是那些最重要的事情。

此外，我们要学会站在孩子的角度看待事情的轻重缓急。由于我们和孩子看待问题的角度不同，很多时候对同一事物的看法会不尽相同，甚至得出截然相反的结论。这时，我们需要站在孩子的角度上想一想，假如不违反原则，就按照孩子心目中的轻重缓急来安排事情的先后顺序。

比如刚开始上学的时候，儿子的学习不怎么好，我打算给孩子每个学科都报一个补习班，但是儿子却不想多报，只想报一个语文学习班。我采纳了儿子的想法。正所谓贪多嚼不烂，统统学了可能既累又无效果，不妨先让他在比较重要的一两个科目上得到加强，在重点学科有了起色之后再慢慢地将时间和精力投到别的科目上。

既要上课，又要上补习班，还要学习钢琴……当孩子有太多的事情需要做时，我告诉他不要慌慌张张，按上面的方法教他先对这些事情进行排序，分清事情的轻重缓急，做到"要事第一"。坚持让他每天做最重要的事情。经常这样做，很多事情对他来说游刃有余了，他也成了一个高效达人。

为此，在开始做一天的事情之前，我都要先问问孩子："你今天最重要的事情是什么？""哪些事情是你现在非做不可的？""为什么你需要完成这件事情？它是否对你很重要""你正在做的事情是否是现在这段时间必须做的"……然后让他将所有事情列一份表格，标注"重要且紧急的事件"，并且依次写下日期和时间，这就是他接下来要重点对待的事情。

先做最重要的事情，集中精力和时间重点击破，这个方法能让孩子在成长路上的努力更有效果，我们又何乐而不为呢？

99℃的水是无法沸腾的，不坚持就不会胜利

儿子上小学 5 年级时，一次偶然的机会，我在一本书上看到这样一组漫画——

有一个人想要在某地挖一口水井，他首先在一个地方开始挖，挖了几米深，看不见水，他认为这个地方可能没有水。于是他就换另一个地方挖，在第二个地方他又挖了个稍微深一点的洞，仍然不见水冒出来，便认为这个地方也没有水，就换了第三个地方挖。同样，在第三个地方也是挖了差不多同样的深度，也没有水。于是他又换了第四个地点挖……就这样，他换了很多地方挖井，可是都没有挖出水来。

其实，如果他在一个地方再深挖一点，就能挖出水了，但他每次都在将要挖出水的时候放弃了，结果一口水井也没有挖成。

通过这组漫画，我知道了做任何事情都要坚持到底，半途而废是难以有所成就的。成功不是一天两天就能达到的，都需要漫长的过程，如果遇到一点困难或在事情还没有结果的时候就放弃努力，终究会一事无成。成功的人总是坚持到最后的人，也是笑到最后的人。水烧到 99℃仍然是不开的水，它仍然无法沸腾。

我们去做某件事并非只是为了争得胜利，不管做什么事情，只要我们全力以赴地去做，并坚持到底，这才是最重要的。坚持，我们不一定能赢得胜利，但付出了，也就无怨无悔了。但不坚持，我们绝对不会赢得胜利，还会让我们心生不安。为了让孩子的人生无怨无悔，我们也要鼓励孩子凡事坚持到底。坚持，会让

他的人生有更多的精彩。

知道了坚持到底的重要性后，我决定开始培养儿子坚持到底的品质。

首先，我鼓励儿子在困难面前不放弃。

不能坚持到底的人常常是在遇到困难和遭遇失败的时候没有勇气去面对，从而放弃了努力。而困难和失败是成功路上不可避免的经历，只有积极克服困难和失败才能最终走向成功。在孩子做事的时候，我们一定要鼓励他在面对困难和失败时不要放弃，要努力寻找解决困难、战胜失败的办法。

为了鼓励儿子在困难面前不放弃，我找出了他最喜欢的好莱坞明星西尔维斯特·史泰龙的故事，我把这个故事讲给他听，鼓励他向偶像史泰龙学习。

成名前的史泰龙带着自己写的剧本《洛奇》，四处拜访制片人和投资人。在历经了1000多次的被拒绝后，史泰龙终于找到了愿意投资开拍《洛奇》的公司，并在戏中担任了男主角。

《洛奇》一经上映就获得了观众的热烈追捧，全球票房2.25亿。史泰龙也凭洛奇一角成了好莱坞一线影星。

每一次被拒绝都是一次失败，史泰龙被拒绝了1000多次才最终取得了成功，这源于他没有因为困难和失败而放弃努力的坚持。

其次，我们要教育孩子立长志而不是常立志。

我的堂弟是一个喜欢经常立志的小伙子，大学刚毕业时他在一个公司里做文员。也许是厌倦了公司拘束的生活，某一天他突然想要自己开办一个照相馆，看起来踌躇满志，连购买什么样的设备，在什么位置开店，租什么样的门面房都考虑到了，可他自己对摄影技术一窍不通，最后只得放弃了。过了一段时间，他又说要开一个打印社，后来却列举了种种放弃的理由。又过了一段时间，他又说要开个小饭馆，因为没有健康证、厨师证等原因，他最终还是放弃了。后来，他又几次说起要开理发店、服装店，但最终都没有实行。如今，好几年过去了，他依旧在那个小公司里做小职员。

堂弟就是典型的常立志而终不能成功的例子。他无论想做什么，首先想到的是困难，而不是努力去创造条件克服困难。虽然他想做很多事情，但终究什么事情也没有做成，就连公司小职员的工作也是"身在曹营，心在汉"地无趣地做着。就像老百姓说的那句话"晚上想了千条路，早上起来照样卖豆腐"，终究一事无成。

我们提倡让孩子树立远大的志向，主要是想让孩子有一个为之努力学习、努力做事的目标。但是孩子小的时候往往对什么事情都感兴趣，什么事情都想做。今天想当医生、明天想成为科学家、后天又要做教师。幼儿时期、小学时期，孩子这种常立志的想法对他没有太大影响，因为无论他长大后想做什么，现在都要努力上好每一堂课，学习基础知识，掌握基本技能。

但是在孩子的人生观、价值观逐渐形成的中学时期，我们要让他逐渐明确自己的人生志向、树立长远的目标，并且要坚持为之而努力。因为只有为了明确的目标，坚持不懈地长久努力，才能将他们的潜力全部激发出来，从而让他们更容易获得成功。

Chapter

10

每个孩子都是种子，只不过花期不同

遵从自己内心的意愿，做更好的自己

有一次，儿子的两位同学小竞和飞扬一起约好到我家玩。我很热情地接待这两位小伙伴。小竞和飞扬也都很乖，争着叫叔叔阿姨。由于小竞来玩的次数比较多，飞扬是第一次到我们家玩，所以我还不知道怎么称呼他，就只喊了小竞的名字。没想到飞扬对此非常在意，来的时候还是满脸笑容，突然一下子变得不高兴，说要马上回家。事后，我回想起这件事，才意识到飞扬是个很敏感的孩子，他很在意别人的眼光和态度。

后来，时间过去很久了，我去学校接儿子的时候又遇到飞扬，我主动跟他打招呼，邀请他到家里玩。没想到他还是很抗拒我，低着头也不愿看我，一听到妈妈喊他的名字，便逃也似的跑开了。我感到非常吃惊，他竟然还把上次的事记在心里。回到家，我问儿子飞扬平时在学校的表现如何，儿子说到一件事——有一次飞扬因为同学跟他炫耀玩具，笑他没有的时候，飞扬还急哭了。儿子说他一点儿都不理解为什么飞扬会哭，而且感觉有时候飞扬表现怪怪的。

孩子为什么变得这么敏感？我相信这种敏感易碎的心不是孩子生下来就有的，他从最开始的无知无畏、天不怕地不怕，慢慢受成长环境的影响，逐渐变成了敏感的人。而引起孩子发生这种改变的不是别人，正是跟他们关系亲近的父母——要么父母自身也是很敏感的人，要么平时父母的教育让他变得特别在意别人对自己的态度和看法。总之，父母的言传身教对孩子潜移默化的影响，让他渐渐失去自我，被别人的眼光淹没。

一次家长会上，我找机会跟飞扬的妈妈接触了一下。从聊天中我能感觉到，夫妻俩对飞扬的要求非常严格，希望他将来能变成父母期待的样子。当然，很多父母都有这种想法，望子成龙也并没有错。但是，飞扬父母的教育是让孩子活成父母想要的样子，而不是让他做更好的自己。

除了严格限制和保护飞扬，不让他玩"危险"的游戏外，他们还特别关注飞扬的饮食，总是让他吃很多"有营养"的食物，因为他们认为这样做对飞扬好。不仅如此，就连飞扬在学校交朋友都得由他们决定，孩子完全没有自主选择的权利。

在我看来，飞扬接受的是一种"控制教育"。这种教育的后果是，它会逼着孩子在两条路之间做出选择：一边是自己想要的，一边是父母想要的。当孩子想和小伙伴一起玩游戏，他内心的声音是"我很想去"，而父母告诉他"不可以玩"；当孩子不愿意把爱吃的苹果分一半给别人时，他内心的声音是"我想一个人吃"，而父母却要求他"你必须要懂得与他人分享"。长期的这种控制教育使飞扬形成了如今这种敏感脆弱的性格，他长期过多考虑父母对自己的看法，以至于在后来与他人的交往中，习惯了在意别人眼中的自己。

面对父母的这种教育方式，孩子起初会反抗，感到委屈、不情愿，甚至会哭闹。可当每次都以失败告终之后，孩子只得屈服，做父母眼中"听话"的孩子。于是，原本性格强势的孩子因此变得叛逆，原本性格软弱的孩子变得自卑、脆弱、被动、没主见、盲从。而且令人感到遗憾的是，当父母发现孩子软弱、没有主见或是胆小时，首先想到的是该怎么改变他，丝毫没有意识到，最根本的原因不在孩子，而是在于我们要改变自己的教育方式。

所以，当飞扬的妈妈表示，她也为飞扬的敏感感到无奈时，我建议她，若想改变飞扬的敏感性格，就要相信孩子，试着给他一定的自由，让他试着对自己的事做决定。

俗话说"三岁看大"。如果孩子在幼年时期，事事都由父母做主，从来没有按照自己的意愿做出过选择，那么等他长大以后，即使有了主动权，也会没有方向，不知道该怎么办。当然，还有一种导致孩子失去自我的原因，就是很可能父母平时给予他过多的评价，而且这些评价很多都是不客观的，它们让孩子失去主观意识和客观判断的能力，只能依赖外界对他的评价。

在我们家，教育儿子的一贯方式就是让他遵从自己内心的意愿，做更好的自己。比如，早上上学，我会让儿子自己决定当天穿什么衣服，只要提醒他当天的天气状况，让他懂得适当加减衣服就行了。而不是直接把衣服拿给他，并"命令"他，今天必须穿这件衣服。再比如，我会让儿子自己决定要和谁交朋友——前提是不管对方成绩好坏，只要人品没有问题就行——也不干涉他的社交活动。对儿子的这种教育，我跟丈夫感觉轻松，儿子自己也感到开心。

身为父母，尽管我们对孩子未来的生活有着无限美好的期待，但毕竟孩子不是我们的附属品，作为独立的生命个体，他们有自主选择的权利。我们切不可对孩子干涉太多，甚至强迫孩子去做他心里并不情愿去做的事情。

请记住：最好的疼爱和教育应该是从小尊重孩子，让他自由地发展，而不是让他活在我们设定的框架里。他们有权利活出自己的特色，活成自己想要活成的模样！

考砸了，没关系，下次接着努力

一次，期中考试过后，儿子的学校开家长会。每当这个时候，我能从每个家长的脸色中看出他家孩子这次考试的情况——满脸笑容略带自豪的父母，他家的孩子这次考得不是名列前茅，就是较之前有了很大程度的提高；那些一脸失望甚至略带几分生气的父母，他的孩子肯定考得不太理想，或者明显退步很多。

我走到儿子的座位旁边时，听见儿子的同桌小海正自豪地对他的妈妈说："妈妈，这次期中考试我是第三名。"看得出来，此时此刻，小海非常希望能够得到妈妈的赞赏和鼓励。

可是，我看见小海的妈妈先笑了笑，然后严肃地对小海说："儿子，这次考试你确实进步很大，可这次你也只是第三名，你前面还有两位同学呢，所以你要继续努力，下次考试的时候一定考个第一名。只要你能拿第一，妈妈就带你去云南旅游一趟，怎么样？"

看得出来，小海很想去云南玩，可是面对妈妈下次考试一定要考第一的条件，他心里没有十足的把握，所以一句话也不说。而小海的妈妈以为她许给孩子带他去云南玩的吸引力还不够大，于是又说可以带他出国旅游。小海听后，默默地低下了头。小海妈妈刚要说什么，我赶紧轻轻地拍了拍小海的妈妈，摇头示意她不要再说了。小海妈妈明白了我的意思，摸了摸小海的头，没再说什么。

家长会结束后，小海妈妈和我聊了起来，问我为什么阻止她继续说下去。我告诉她，小海这次的成绩已经考得很不错了，作为父母，我们应该对他进行肯定，鼓励他别骄傲，继续加油，而不是一味地提出更高的要求。小海之所以对她最先提出的带他去云南旅游的承诺不予回应，就是因为他心里对考第一没有把握，而且他也担心考不到第一，自己就永远没有去云南玩的机会了。对他来说，考第一无异于是压力"山大"，在这种压力之下，也许下次考试时他连正常水平都没办法发挥出来。

近年来，我们国家一直在提倡素质教育，呼吁父母不要把分数当成审核孩子成绩的唯一标准。可在实际面对孩子的考分时，我自己看见的、能够笑着鼓励孩子的父母寥寥无几，他们无法承受别人家的孩子比自己的孩子优秀，于是就给自己的孩子提出更高的要求，让他们下次考出更优异的成绩。

我的一位朋友曾跟我宣扬她的育儿经，说在教育孩子读书、提高成绩这方面，她摸索出了一个有效的"良方"。她告诉我，之前孩子的考试成绩不稳定，为了让她家孩子的考试成绩有所提高，她和孩子的爸爸一起制订了非常适合孩子的奖罚制度：以80分为基准，考试时如果超出80分，会得到相应的奖励，且分数越高，奖励就越丰厚；反之，如果考试分数在80分以下，那就要当心咯，惩罚就要来临了，而且分数越低，惩罚越严厉。朋友对我说，试验一段时间之后，他们发现这套奖惩制度对孩子来说非常管用，孩子每次的考试成绩基本都能保证不低于80分，跟之前相比有了一定程度的提高。

对于朋友采取的教育方法，我想短期内或许对孩子提高成绩有所帮助。但众所周知，学习和教育并不是短暂的、某一个阶段的事情，它需要长期的积累和沉淀。这也就促使我们不能因循守旧，要一直不断地探索更适合孩子的学习方法，以此来激励、帮助他更好地学习、成长。另一方面，这种物质上的激励在孩子年幼时期会起到一定的作用，可是从长远发展来看，也并不是一个明智之举。

就拿我们成年人来说，当我们给自己定下一个奋斗的目标时，我们会拼尽全力去做，一旦目标达成或者实现，我们很有可能会立刻懈怠。对孩子来说也是如此，如果他们考取了父母要求的成绩，实现了父母对自己的许诺，以后可能就不再那么用心关注学习了。当然，也许有的父母会反驳说，这些都不要紧，自己还可以制订新的奖励制度。可是要知道，我们忽略了孩子学习的动机，迷失了教育的真正目的，一味采用刺激、奖励的做法，很有可能会导致孩子认为学知识就是为了考高分，换取自己想要的东西。长此以往，孩子只会机械地学习，对学习的知识死记硬背，根本不会融会贯通、真正做到对知识进行消化和吸收，也就无法提升学以致用的能力，关注点只在分数和奖励内容上。

有一次我下班回家，刚要进小区的时候，看到一个妈妈正在路边训斥孩子："你怎么会那么笨！你看你的作业本上，都是红色的叉，以前你做作业的时候，同样的题型我都帮你仔细分析过，每次做完我问你是不是懂了，你都说懂了，可再做作业的时候怎么还是出错呢？到现在为止，你回回考试都考不了高分，我真想带你去测测你的智商。"孩子站在一旁看着愤怒的妈妈，不停地用手擦眼泪，一句话都不敢说。

看着孩子委屈的样子，我忍不住走上前去劝孩子的妈妈："别着急，有话好好跟孩子说。他还小，做作业的时候难免马虎，我儿子有时候也会因为粗心做错题。你生气吼他也无济于事，不如尝试换个方式跟孩子沟通，只有找到问题的根源，才能让孩子避免下次再犯同样的错误。"

听到我这么说，孩子的妈妈开始向我抱怨："我也不想说他，可是你问他，一样的题型，给他讲过很多次，再让他做，还做不对，就是不往心里去、就是记不住，不是欠骂是什么呢？"

孩子在旁边呜呜地哭，嘴里嘟囔着："妈妈，我错了！下次我一定细心。"

看到这一幕，我的心里非常难受。这个孩子的表现让我觉得他并不是一个不懂事的孩子，只不过面对父母的教育方式，他也无奈。如果他的父母能稍微改变一下，耐心帮孩子总结，找到问题的根本所在，我相信结果肯定不一样。

我坚持我的观点是有原因的。你想，这位妈妈按捺不住自己，情绪已经这么激动，孩子始终待在那里接受妈妈的教导和训斥，而且还是在大街上，过往的人都回头看他们。这种情况下，虽然他也感到委屈、难受，但是他没有和妈妈争执，甚至边哭边向妈妈道歉，说是自己的不对，是自己粗心，才导致作业本上出现这么多的错误。

我想，这位妈妈如果不把孩子的成绩、分数看得那么重，而是鼓励、安慰他，协助他找到最适合自己的学习方法，让他在轻松的环境下学习，相信孩子一定会交给她一份满意的答卷。

虽然说人不能完全没有压力，可是承受压力也要有一定的限度。我们时常看到选手在参加比赛时由于心理压力过重，最后发挥失常，以惨败告终。所以我们常说，不强求才是最好的结果。

儿子在上小学的时候，有一段时间很贪玩，不爱学习，考试成绩下降也很快。当时我和丈夫很着急，我们担心儿子会一直这样下去。于是，我们俩商量过后，决定由我找儿子好好谈谈。

一开始，儿子什么都不肯说。我用了一整天的时间，跟他慢慢沟通之后才知道，原来他已经很努力地背书，希望考试的时候能考高分。可越是这样想，一到考试的时候他就越考不好，于是他开始怀疑，自己是不是真的很笨，不像别的同学那样聪明。听他这么一说，我惊讶地问："你怎么会这么想？我和爸爸从来没有说过你的成绩不理想，也没有要求你考高分啊。"儿子沮丧地说："你们是没有跟我说过，但我知道你们都希望我考得好。"

后来，我反思了自己和丈夫的一些做法，发现我们的做法确实存在问题。比如，虽然我们在言语上并没有指责、咒骂儿子的成绩不好，可是我们面对他成绩单时候的状态却传达出这样一种含义——考得好，我们就笑得合不拢嘴，夸他真棒；考得不好，我们的情绪就会显得低落。儿子的心思细腻，我们的反应他都能感受到。受这种无形的压力的影响，导致儿子考试的时候不能正常发挥，渐渐变得开始讨厌学习。

这件事情一直困扰着我，直到有一天我在网上看到这样一个故事：

　　有一个农民，他种的小麦总是比别人种得要好。每到收获的季节，他总能有比别人多得多的收成，而且小麦颗粒饱满，分量十足。其他农民都很羡慕他，于是向他讨教种小麦的秘诀。对于来访者，他只是实诚地笑道："我哪儿有什么秘诀，只不过我平时很用心地照顾它们，施肥、除虫两不误，根本没有想过最后会取得什么样的收成，也没有想过要怎么做才能比别人做得更好。"

　　看了这个故事，我突然意识到其中蕴含的深刻道理。这个农民之所以获得令人羡慕的丰收，是因为他从一开始关注的就是小麦的整个成长过程，并没有过分地在意最后的结果。

　　在教育孩子的问题上，道理也是一样的。在孩子成长的过程中，如果身为父母的我们关注点不是孩子以后上什么样的大学、找什么样的工作等这些问题，而是实实在在、一步一个脚印地陪孩子，给他们合理的引导，让他稳扎稳打，同时在品行和待人接物方面接受良好的熏陶，那么我们就不会因为顾虑太多影响到孩子，孩子也会变得目标清晰。反倒是我们太注重结果，让孩子失去前进的方向，最终导致他的失败。

　　从此以后，我和丈夫注意改变自己，不再那么在意儿子的考试成绩，将更多的精力放在培养他的品行和相关能力方面。并跟儿子保证，希望他也能放下心中的包袱。没过多久，儿子不再那么厌学和怵考试了，而且他掌握的知识比以前更扎实了。尽管后来他的考试成绩也有过起伏，但他已经能够摆正自己的态度，正确应对了。他明白，一次两次考得不好没有什么关系，只要自己坚持、努力，就可以考出好成绩。

　　一位关系不错的朋友后来跟我诉苦，说他的孩子也出现了厌学的情况，于是我把我的经验告诉给她。没想到，不久后她打电话过来，说自从听了我的建议后，她就吸取教训不再因为孩子考分低而责骂他，而是安慰和鼓励他。但结果并不是预料的那样，甚至孩子的成绩比以前差。她问孩子为什么成绩越来越差，没想到孩子一脸认真的样子说："妈妈，你不是老说你不在意我的分数吗？"

于是，我就问了问之前她家孩子的表现，希望借此了解孩子说出这样的话的原因。原来，这个孩子起初成绩还可以，有一次发挥失常，成绩下降了，于是被父母责骂了一顿，后来，孩子担心考了好成绩之后再发生意外状况而被父母责骂，于是他才对学习和考试都不上心了。再后来，当妈妈跟他说考不好没关系的时候，他如同获得了特赦令一般。所以妈妈问他的时候，他便说出这样的话来反驳妈妈。

由此可以看出，父母在用上述方法教育孩子时，应该分两种情况对待。

第一种情况是，孩子本身希望进步，但由于方式方法不当，导致他考试成绩不理想。对此，孩子自己能意识到问题所在，并且心里感到内疚。这时候，我们作为父母，应该给予孩子安慰和鼓励，千万不能情绪冲动而责骂他，给他施加更大的压力。只有站在孩子的角度心平气和地跟他们沟通，彼此之间才会互相理解，同时也会激励孩子更加努力地学习。

第二种情况是，孩子本身对学习失去感兴趣，不管父母给不给他施加压力，他们都持无所谓的态度。这个时候，父母要做的是分析孩子的心理，引导他们正确对待学习。而且，父母的表达方式非常重要，比如一定不能说"分数不重要"，而要说"一次的考分并不重要，只要你认真学习、坚持不放弃，妈妈相信你下次一定能取得进步"。

同样是成绩不好，但导致成绩不好的原因有所差异，父母的教育方式要根据孩子的不同情况采取不同的措施。但有一点是不变的，那就是父母一定要告诉孩子：只要自己肯努力，下次一定会进步。

输赢没那么重要，努力了就好

儿子上小学 6 年级那年，不知道什么原因，变得十分争强好胜，事事都要占上风，不管做什么都想做到最好，稍微与自己的要求有点差距，他就会很生气。为了保持自己班里第一名的位置，每天放学一回到家，儿子做的第一件事情就是写作业。

有一次考试时，儿子各科的总成绩在班里排名第二，那天他垂头丧气地回到家，把自己关在房间里哭了起来。我听到他的哭声，十分担心，以为发生了什么事。从儿子断断续续的抽泣声中，我才了解到事情的真相。我安慰他："需要掌握的知识你都掌握了，考多少分，是第一名还是第二名，都无所谓，只要你努力了就好。"我劝了半天，儿子好不容易慢慢平静了下来，但他仍然为自己是第二名感到遗憾和懊恼。

儿子表现出的这种争强好胜、输不起的状态令我感到无奈。为了让儿子明白并非只有出类拔萃才是最好的，输赢其实没那么重要这个道理，我上网查了一下导致孩子出现争强好胜心理的原因。

最后我总结了一下，发现导致孩子争强好胜、产生虚荣心的原因有很多。首先，父母本身喜欢攀比，总是有意无意地给孩子灌输"穿名牌就是好看""什么事都拿第一才是真本事"的思想，让孩子无形中产生了攀比心理。其次，老师及周围的人总是表扬做事效率高、学习成绩好的人，这就误导孩子，认为"只有达到最好才能被肯定，才是有意义的"。最后，身边的同学和朋友喜欢攀比，也容易引诱孩子产生错误的认知。

理清原因后，我开始反思自己是不是在生活中无意间给儿子灌输了"只能赢"的意识，这才让他产生了虚荣心和好胜心。后来我发现，日常生活中我并没有刻意拿儿子和别的小朋友作比较，说类似他不如谁、比不上谁的话，也没有跟他说"穿名牌好看""考第一才行"，等等，完全是如今社会环境带来的一些思想冲击，或多或少地误导了儿子，让他特别在意输赢。

当然，我并没有说好胜心和虚荣心对于孩子来说是完全不能有的，只不过要适度、合理，只有这样才不会对孩子有太大的损害，反而更容易激发他的斗志，让他努力变得更好。好胜心太强、虚荣心太过，对孩子来说百害而无一利，时间长了，它很容易让孩子脱离实际，变得越来越膨胀。甚至有时会为了达到自己在别人心目中有较高地位的目的，不择手段，或者以伤害别人作为代价等。而且一旦实现，就会助长他的气焰；如果没能达到目的，他们可能会产生报复心理，或者走极端。

意识到这些可能存在的隐患后，我决定引导儿子，让他学会以一颗平常心对待成败得失，避免产生过度的虚荣心。

首先，正确评价孩子。

孩子小的时候，我们对他的评价一定要谨慎、客观。因为我们对他的每一个评价都会影响他们的价值观。全面、客观地评价孩子能让他既能认识到自己的优点，又能认识到自己的不足；对孩子提出的要求要符合他的实际情况，防止要求过高，让他产生自卑心理，或者错误地诱导孩子出现好胜、虚荣的心理和行为。

下面是一段发生在我身上的失败的教育经历。

那年，儿子上小学 4 年级，有一次数学测验的题有点难，儿子考了 80 分，班里有 4/5 的同学分数都比他的低，他本以为这个分数会让我高兴。可是，当他高高兴兴地拿着试卷回来告诉我的时候，我当时因为心情不好，就说他，以他的能力，就算题难，也不应该只考 80 分的。儿子听完，之前的喜悦顿时被我的话给驱散了，他有些不知所措——老师今天在班上还表扬他了，可为什么妈妈却这么生气？

　　后来，老师又进行了一次数学测试，考题的难度依然比平时大，这次考过后，儿子班里只有两个同学考了整整80分，并列第一，儿子考了76分，排在第三。发试卷的时候，老师这次又表扬了他，这让儿子心里美滋滋的。可是，儿子想起我上次的话，看着鲜红的76分，觉得我肯定对这个分数更不满意了，想来想去，为了讨好我，儿子就把76分改成了96分。

　　儿子把考卷拿给我看，我看到这个分数后非常高兴，就给儿子做了满满一桌好吃的犒劳他。就这样，后来的几次测验，儿子经常这样修改自己的考试分数。直到有一次儿子发高烧，我打电话给老师请假，偶然间从老师那里了解到情况，让我识破了儿子的"骗局"。挂断电话后，我开始反思自己。等儿子病好了之后，我坦诚地跟儿子沟通，说我已经知道他修改考分的事了，并且问他为什么要这么做。儿子告诉我，之前的测试题的确很难，自己已经尽力了，可我对他的期待太高了，为了不让我失望，才想到了改分的办法。听了儿子的话，我十分愧疚，正是因为我当初没有完全了解到情况，对儿子做出了不切合实际的评价，才导致他为了讨我欢心，而采用了虚假、欺骗的应对方式。我没有为此责骂儿子，而是向他道歉，对儿子说："对不起！是妈妈的错误认知让你选择了这么做，我会改正，你会原谅我吗？"

　　后来，儿子实事求是，不再改分数了，也慢慢淡化了考试要得高分的意识，真正做到以一颗平常心对待每一次考试。而且，每次考得好了，他都不骄不躁；考得不好了，他都能找出哪些知识是自己没有掌握的，然后重点学习。

　　其次，培养孩子正确的价值观。

　　孩子的价值观会受父母、同学以及周围人的影响，而父母在培养孩子价值观的过程中起着非常重要的作用。因此，父母要善于观察和了解孩子的一些言行，对他们进行积极的引导，让他们形成正确的价值观，避免出现喜欢攀比、好胜、虚荣心强的表现。

儿子看到好几个同学的父母经常开着各种高级轿车接送孩子上下学，他很羡慕。而我和丈夫每次接他，不是骑着电动车，就是开最普通的车，这让儿子觉得很没有面子。有一天吃晚饭的时候，儿子跟我说，不让我跟丈夫去接他了，他自己坐公交车回来。一开始的时候我不解其意，问他为什么。后来儿子说出了他自己的想法。

我想，如果当时我因为儿子的话也觉得很没面子，认为自己没有能力给儿子高品质的生活，那么我的表情和言行会让儿子更自卑，更容易加重他的虚荣心。所以，我首先要求自己能够正确对待这个问题，坦然地面对这种贫富差距。然后，我告诉儿子，财富不能代表一切，有钱并不一定说明这个人会被尊重，而没钱也不一定说明这个人会被人瞧不起，只要具有良好的品性、用心做好自己该做的每一件事情，这才是最重要的。

之后，我从书上、网上找到一些相关的故事或者案例，向儿子证实有钱并不代表可以赢得人心，而没有钱并不代表失去人心。儿子看了这些故事后，也慢慢转变了自己之前的看法，接受其他同学有高级轿车接送，而自己只能被电动车、低档车接送的情况。

对于事事争第一的孩子，我们要引导他培养起正确的价值观，告诉他：每个人所擅长的方面各不相同，这也导致事事都能得第一的人是不存在的，只要尽自己最大的努力将自己能做的事做好，哪怕最后没有得第一，依然能够受人尊重。况且第一只有一个，把争做第一的心思分些出来，让自己做到品性良好、做事认真、与人为善，长大后同样能发挥自己的价值，做对社会有用的人。

望子成龙，适可而止

天下父母没有哪个不对自己的孩子寄予厚望，都期待他能"成龙""成凤"。身为一位母亲，我特别能够理解这样的心情。可是我要说，在教育孩子的过程中，我们面临着一个又一个的困惑，只有逐一攻克，才能为孩子美好的前途铺平道路。

例如，我们为了让孩子能全面发展，多才多艺，于是给他报班培养兴趣，可孩子自己从来不主动去上课，我们苦口婆心、好说歹说，最后他才勉强答应，这是为什么？每天孩子放学回家，我们不顾自己的事，先辅导孩子做作业，给他听写，可他为什么总是表现出一副心不在焉的样子？孩子的成绩好不容易有所提高，可他的脾气为什么变得越来越坏？……

在现实中，孩子通过自己的努力学习来回报父母似乎已经成为我们无私付出后寻求的一种心理上的安慰，有时候甚至连孩子休闲的兴趣爱好也无法挣脱我们的竞争心态———一定要让自己的孩子在同龄孩子中脱颖而出，成为佼佼者。这样一来，原本只是为了陶冶情操而培养的兴趣爱好，瞬间转变成了无形的竞争压力。说到底，我们那"望子成龙、望女成凤"的期望是孩子压力的根源，而且这种心态还有可能导致孩子逆方向发展。

前不久，我参加了一场有关心理咨询与家庭教育的讲座。当时，心理导师为现场的数百名家长设计了一个特别的小测试。透过投影，我看到屏幕上有一组图片：一些小石块有规律地散落在四周，中间有一个大石块，它的旁边是一堆细沙、一个空桶以及一桶清水。接着心理导师向在场的家长提问："如果请各位家长选用上面的任意材料，无论是石块、细沙还是清水，或是其他的材料来填满空桶，你们会怎么选择呢？"

听了导师的话，家长们七嘴八舌地开始讨论，而且每个人的方法都不一样。讨论过后，一位爸爸首先站起来说："我的想法是先把大石块放进桶里，再放小石头、细沙，最后倒入清水。我觉得这样可以最大限度地把所有材料都装进桶里。"随后，家长们也都踊跃发言，说出了自己的想法。这个过程中，心理导师面带微笑，没有评说他们的做法是对是错，只是仔细地倾听。最后，心理导师告诉大家："其实怎么填和填多少都不是我们一开始应该考虑的，因为最先考虑的，也是最重要的，通常是基础工作做得是否扎实。对于这道题来说，基础工作就是桶的底部，这是最薄弱的，只要桶的底部坚实了，不管怎么填、填多少，就有无数种方式了。"

家长们听了面面相觑，一脸的疑惑，显然没有听懂心理导师话里的含义。心理导师又接着解释道："这个测试映射到我们的家庭教育上来，说明孩子成功的方式也是多种多样的。但是作为父母，我们首先应该帮助孩子把基础打好，这个基础不是学习成绩或是其他才艺，而是心理方面要保持健康。……"

听了心理导师的话，大家终于明白，如果家庭教育的方式违背了孩子身心发展的规律，就会事与愿违，出现偏差，导致孩子的成长受到不利影响。

是的，世间万物都有其特有的规律，无论是植物还是动物，都有自己的成长方式和规律。因此，我们对孩子的培养和教育势必也要遵循这一规律。如果我们都只顾着让孩子按照我们的主观想法去成长，那无异于揠苗助长，过犹不及。

教育孩子时，如果我们不考虑孩子的实际情况，对他抱有很高的期望，强制性地让他去做某件事；或是事事以孩子为中心，过分宠溺他，都会让孩子形成不健康的心理。相反，如果我们遵循规律，积极地引导和发掘孩子的潜能，那么他就能不断学习和成长，为日后的成功奠定基础。

成功教育的标准是什么

自从做了妈妈以后，我十分关注孩子的教育问题。查阅了很多关于教育孩子的书籍，也看了一些专职妈妈写的教育帖子。通过整理我发现，每个家长的教育方式看似相同，但却又不同。我不禁开始沉思：到底什么才是对孩子成功的教育，成功教育的标准又是什么？

我丈夫的一个远房亲戚是一位众人口中的"高人"，而这个"高"在于他把自己的一双儿女送进了北大和清华两所大学，在当地曾轰动一时。如今，他的一双儿女已经在美国知名院校读完博士毕业回国，并在北京知名的外企工作，事业家庭双丰收。

于是，见过这位亲戚的人都会对他说："要是我的儿子（女儿）有你的儿女一半出息，我就知足了。"而这位亲戚却非常谦虚地说这没有什么。当时的我只当他的话是处世圆滑之人的推脱之词，因为很多人面对采访要求谈谈自己成功的经验时，都会这么说。

那时候的我还没有成为妈妈，也并不能理解这其中的道理所在。过了几年，再次见到他时，我已经生下儿子做了妈妈。我非常诚恳地向他讨教教育儿女的经验，为我以后教育儿子打好基础。

他显得有些为难。在我的再三要求下，他告诉我，在他的儿女考上北大清华的时候，由于媒体的报道，有出版社找到他，希望他写一本关于教育孩子的书，但他并没有接受这个提议。

我问他原因，他对我说，他其实一直有写点东西的习惯，写一本书对他来说也并不是什么难事。他之所以不接受是因为他不想误导别人。原来，他曾参加过一个论坛，论坛里的成员都是一些有着丰富教育经验的父母。他们培养出的孩子全部都是顶尖学府毕业并且已经事业有成的人，在所有人的眼里，这样的父母无疑是成功的父母。可是在这位亲戚看来，成功不是这样定义的，至少它不应该这样肤浅。如果仅仅因为孩子考取了名校，事业有成，我们就成了成功的父母，孩子就被当做成成功教育的典范，那么这将是一件多么滑稽的事情。

他的话让我沉思。如今，在我们大多数人的标准里，只要孩子考取了名校，有着其他人难以企及的财富和地位，这个人就是成功的。可是，真正能达到这个标准的人是少数，更多的人只能进一所普通的大学，甚至有的人连大学都没有上过。那么，就要单纯地将这些人定义为失败吗？

在我居住的小区里，我曾见过一个孩子，每周只有周末的傍晚才能下楼玩一会儿，其余时间都被父母强迫着在屋里学习。看到孩子痛苦、可怜的眼神，我很是心痛。成绩好真的能代表一切吗？本该享受天真烂漫的年纪，却被父母折磨得一点开心的样子都没有。那么即使她取得了好成绩，父母看到她这幅郁郁寡欢的样子，不会觉得心疼吗？

如果我们只教会孩子去追求名利、成功，而没有关注孩子的内心，那么将来即使他成功了，他也无法体会到成功的乐趣。

爱孩子，就要打破世俗的眼光和标准，让孩子明白并非只有出类拔萃才算好，并非只有最优秀的人才能被认可。每个人都是独一无二的，只要乐观上进、脚踏实地，总有一天他们会走出自己的路。